鸟兽虫鱼自有情

博物学大师

柯遵科　编

中原出版传媒集团
中原传媒股份公司

大象出版社
·郑州·

图书在版编目(CIP)数据

鸟兽虫鱼自有情：博物学大师／柯遵科编. — 郑州：大象出版社，2022. 7
(中外科学家传记丛书／王大明，刘兵，李斌主编)
ISBN 978-7-5711-1481-7

Ⅰ. ①鸟… Ⅱ. ①柯… Ⅲ. ①博物学-科学工作者-列传-世界 Ⅳ. ①K815. 81

中国版本图书馆 CIP 数据核字(2022)第 097118 号

中外科学家传记丛书
鸟兽虫鱼自有情 博物学大师
NIAOSHOUCHONGYU ZIYOUQING BOWUXUE DASHI
柯遵科 编

出 版 人 汪林中
项目策划 李光洁
项目统筹 成 艳 陶 慧
责任编辑 王大卫
责任校对 牛志远
装帧设计 王莉娟

出版发行 大象出版社(郑州市郑东新区祥盛街 27 号 邮政编码 450016)
发行科 0371-63863551 总编室 0371-65597936
网 址 www. daxiang. cn
印 刷 河南瑞之光印刷股份有限公司
经 销 各地新华书店经销
开 本 890 mm×1240 mm 1/32
印 张 6. 5
字 数 136 千字
版 次 2022 年 7 月第 1 版 2022 年 7 月第 1 次印刷
定 价 24. 00 元

印厂地址 武陟县产业集聚区东区(詹店镇)泰安路与昌平路交叉口
邮政编码 454950 电话 0371-63956290

总 序

马克思和恩格斯合写于19世纪40年代的《共产党宣言》中，曾有这样一段生动的描述："自然力的征服，机器的采用，化学在工业和农业中的应用，轮船的行驶，铁路的通行，电报的使用，整个整个大陆的开垦，河川的通航，仿佛用法术从地下呼唤出来的大量人口——过去哪一个世纪料想到在社会劳动里蕴藏有这样的生产力呢？"马克思和恩格斯说的那一切，还不过是19世纪的景况。到了21世纪的今天，随着核能、电子、生物、信息、人工智能等各种前人闻所未闻的科学技术的飞速发展，人类社会面貌进一步发生了翻天覆地的甚至马克思那个年代都无法想象的巨变。造成所有这一切改变的最根本原因，毫无疑问，就是科学技术。而几百年来，推动科学技术发展的直接力量，就是一大批科学家和技术专家。

中国是这几百年来世界科学技术革命和现代化的后知后觉者，从16世纪末期最初接触近代自然科学又浅尝辄止，到19世纪中期晚清时代坚船利炮威胁下的西学东渐，再到20世纪初期对"德先生"和"赛先生"的热切呼唤，经过几百年的尝试，特别是近几十年的努力，已逐渐赶上世界发展的潮流，甚至最近还有后来者居上的势头。例如，中国目前不但在经济总量上居于世界第二的地位，而且在科学研究的多个前沿领域也已经名列国际前茅；有些方面，比如科学论文的数量，仅次于美国而居世界第二；最可贵的是，中国已经形成了一支人数众多、质量上乘的科研队伍。

利用科学技术来推动社会经济的发展，中国已经尝到了巨大甜头，科学技术是第一生产力的观点深入人心。从政府到民间，大家普遍关心如何进一步落实科教兴国战略、推动创新促进发展，使中国在科技创新方面更具竞争优势，培养和造就出更多的科技创新人才，使中国在现代化道路上能走得更长远、更健康。

为实现上述目标，一方面需要提高专业科学研究队伍的水平，发扬理性思考、刻苦钻研、求真求实、勇于创新的科学精神；另一方面也需要增强和培育整个社会的公众科学素养，造就学科学、爱科学，支持创新、尊重人才的文化氛围。这套“中外科学家传记丛书”的编辑和出版，就是出于这样的考虑。

通过阅读和学习科学家传记，一是可以更深刻地理解科学家们特别是那些在重大历史转折关头做出了伟大贡献的科学家的科学思想和创新方法，二是可以更鲜活地了解到科学家们的科学精神和品格作风，三是可以从科学家们的各种成长经历中得到启发。

本丛书所收录的 200 多位中外著名科学家（个别其他学者）的传记，全部都来自中国科学院 1979 年创刊的《自然辩证法通讯》杂志。该杂志从创刊伊始就设立了一个科学家人物评传的固定栏目，迄今已逾四十年，先后刊登了 200 多篇古今中外科学家的传记，其中包括文艺复兴时期的欧洲科学家、远渡重洋将最初的西方近代科学知识带到中国的欧洲传教士，当然大部分都是现代科学家，例如数学领域的希尔伯特、哈代、陈省身、吴文俊等，物理学领域的玻尔、普朗克、薛定谔、海森伯、钱三强、束星北、王淦昌等，以及天文学、地学、生物学、计算机科学和若干工程领域的科学家。值得指出的是，这些传记文章的作者，大都是在相关领域学有专长的专家学者。例如：写过多篇数学家传记的胡作玄先生，是中国科学院原系统科学研究所的研究员；写过多篇物理学家传记的戈革先生，是中国石油大学的物理学教授；此外还有北京大学、清华大学、上海交通大学、中国科技大学等多所国内著名大学的教授，以及中国科学院、中国医学科学院和中国科技协会等研究机构的专家。所以，这些传记文章从专业和普及两个角度看，其数量之多、涉及领域之广、内容质量之上乘、可读性之强，在国内的中外科学家群体传记中都可以说是无出其右者。

考虑到读者对象的广泛性，本丛书对原刊物传记文章进行了重新整理编辑，主要集中在如下几个方面：一是在总体设计上，丛书共分 30 册，每册收录 8 个人物传记；二是基本按照学科领域来划分各个分册；三是每分册中的人物大致参考历史顺序或学术地位来编排；四是为照顾阅读的连续性，将原刊物文章中的所有参考资料一律转移到每分册的最后，并增加人名对照表。

当前，中国正处在从制造大国向创造大国转变、急需更多科技创新和科技人才的重要历史时刻，希望本丛书的出版对于实现这个伟大目标有所裨益，也希望对广大青少年和其他读者的学习生活有所帮助。

目 录

弗朗西斯·高尔顿

博学的绅士

弗朗西斯·高尔顿

（Francis Galton，1822—1911）

有人说弗朗西斯·高尔顿是种族主义者和法西斯的精神鼻祖，有人说他是人类追求自身完美这一崇高目标的化身；他的知识系统可称得上是一个杂乱无章的大拼盘，他是历史上罕见的“巨人”式学者；他的著作早已成为维多利亚女王时代的老古董，他的工作是当代一系列闪光的科学成就的源泉。那么，弗朗西斯·高尔顿究竟是怎样的一个人，可以同时招来如此多互相矛盾的诋毁和赞誉呢？让我们追寻他的生活足迹作一番考察，然后再对其历史功过给出公允的评价吧。

一、神童

18 世纪 60 年代，英国伯明翰市一批信仰新教的知识分子组成了一个地区性的科学团体，因为每月圆月时集会一次，遂取名圆月学会。学会的成员把自己的小团体比喻成弗朗西斯·培根《新大西岛》中的所罗门宫，把自己比喻成“贩卖光明的商人”。的确，圆月学会对培根学说的传播，以及英国工业社会的兴起与科学的繁荣起到了难以估量的作用。

塞缪尔·约翰·高尔顿是一个工厂主，因为制造与贩卖军火被教友会除了名。他的宽敞住宅经常是圆月学会活动的场所，他的雄厚资金也曾为某些天才的会员提供资助，例如为化学家普利斯特列建立了基金[1]。他本人对鸟类有兴趣，曾著有四卷本的《鸟类自然史》，1785 年当选为皇家学会会员。

圆月学会的另一位重要成员是诗人、医生和博物学家伊拉斯姆·达尔文[2]，他曾几次拒绝了给英王当御医的推荐，同情法国革命，著有《植物学》《生物规律学》《自然的殿堂》等书，从 1761 年起他就是皇家学会会员。

这两位"贩卖光明的商人"正是本文主人公的祖父和外祖父。

1807 年，塞缪尔·约翰的儿子特铁斯娶了伊拉斯姆的女儿安妮·维尔莱塔，两个优秀家族的遗传基因巧妙地结合在一起，于 1822 年 2 月 16 日生下了两人的第九个孩子，这就是弗朗西斯·高尔顿。

用我们今天的话来讲，幼年的高尔顿是属于智力超常儿童之列的。美国心理学家、斯坦福－比纳测验标准的设计者特尔曼根据有关文献提供的材料，断言高尔顿在 3—8 岁时的智力年龄（MA）几乎等于其实际年龄（CA）的 2 倍。这就是说，按照斯坦福－比纳标准的智商计算公式 $IQ=\frac{MA}{CA}\times 100$ 来算，他的智商（IQ）接近 200。

为了使非心理学专业的读者对这一数据有大致的认识，我们举出两个可供参照的例子来加以说明：第一，特尔曼的研究小组对美国数千名 3—8 岁的儿童进行了测验，发现其中 IQ 最高者为 170，

---

1 普利斯特列后来发表的《从水中提取气体的试验》这一著名报告，就是题献给"尊敬的伯明翰圆月学会的朋友们"的。

2 伊拉斯姆·达尔文是进化论创立者查理·达尔文的祖父。

而IQ数在150以上者仅有5人；第二，柯克斯在其《三百个天才的早期心理特征》中提到的IQ最高者是约翰·穆勒（190），其次是莱布尼茨（185）。

高尔顿的哥哥姐姐中间，阿黛尔是最有耐心和教育天赋的姑娘，她成了小弟弟的启蒙老师。她喜欢在弟弟的摇篮旁读书，不久她就惊奇地发现，只要用手指着书中某一单词读几遍，还不会说话的高尔顿就能自己指出这个词来。出生12个月之后，高尔顿已能认识大写字母，18个月之后能辨别大写和小写两种字母。在他牙牙学语的时候，阿黛尔开始给他读自己也是刚刚学习的希腊文和拉丁文，一般读了8遍以后，高尔顿就能背诵出来。两岁半时，他已能阅读《蛛网捕蝇》这样的小书，3岁时他已学会了签名，4岁时他曾给自己的叔叔写过一首阶梯诗，5岁时他已能背诵并理解司各特的叙事诗《马米翁》中的许多段落。在他5岁生日的前一天，高尔顿给他的“启蒙老师”写了一封信：

亲爱的阿黛尔：

我现在4岁，能读任何英文书了。除了五十二行拉丁诗，我懂得所有的拉丁文名词、形容词和主动词。我会做任何位数的加法和乘以2、3、4、5、6、7、8、(9)、10和(11)的乘法。

我也能换算便士，我能读一点法文，我还认识钟。

弗朗西斯·高尔顿

1827年2月15日

不知道写这封信时是否有人在旁指导。此信现在仍保存完好，研究者发现信中的文法简单无误，“9”和“11”两个数字被小刀划掉了，唯一的拼写错误是“2月”（February）中少了一个字母 r。

6岁时，高尔顿已精通荷马的《伊利亚特》和《奥德赛》。有一次，一位好奇的客人为了考察他的记忆力，连续向他问了一系列关于荷马书中的问题，不耐烦的高尔顿最后说了句“请看《奥德赛》第12卷最后一节”就逃跑了。另一位客人在1828年12月28日的一封信中向人报告了自己在高尔顿家中的见闻：“最小的孩子弗朗西斯是一个神童。明年2月他才满7岁，但他读了《马米翁》《湖中女》，以及柯珀、波普和莎士比亚的大量作品，而且仅仅读两遍就能背诵下来。”

六七岁时，他对博物学产生了兴趣，并按照自己的方式对昆虫和矿物标本进行分类。这时候，阿黛尔几乎已经不能再对他作任何重要的指导了。

小高尔顿不但具有很高的智商，而且具有善良的天性和良好的教养。母亲在他8岁那年所写的一封信中称赞他“富有正义感”，“性情虽然有点急但绝不记怨”，“从不偷懒”，“不在其他孩子们面前显示虚荣和优越感”。

父亲特铁斯是一个热爱自然科学的银行家，身上混合了经营者的聪明和科学家的严谨。他曾写过一部关于货币与统计的书，又在自己的住宅里堆满了日晷、望远镜、气压表和各式各样的仪器，这一切使小高尔顿过剩的精力多少有了发泄之处。当特铁斯发现家庭教育已不能满足孩子迅速膨胀的智力和求知欲后，就把8岁的高尔顿送到一所寄宿学校去接受正规教育。对于这所学校，小高尔顿的记忆只有教师的白桦条和高年级学生的拳头。两年后，他又被送往另一所更有名的私人寄宿学校，在一个 15 岁的年级中当插班生。高尔顿在寄宿学校期间写给父亲的信都被保存下来，信中俨然透露出一股成熟与自信，他与父亲就文学、语言、教育及心理学的一系列课题进行了广泛的讨论。他在 13 岁那年所写的一封信中还提到自己目前正在从事一项“高尔顿飞行计划”的研究，其具体内容是设计一架可供 7 人乘坐的蒸汽引擎飞行器，但这一计划显然夭折了。

显赫的出身与罕见的天赋，大概是促成高尔顿日后创立优生学的一部分原因。

二、大学与皇家学会

15 岁快结束的时候，父亲安排他参加了跟一家医学机构一道到欧洲大陆作巡回医疗的活动。回来之后，他就在伯明翰市立医院做了两年内科见习医生，这段经历使他积累了大量解剖学和生理学知识。18 岁那年高尔顿来到伦敦，在英王学院学习解剖学和植物学。不久，他的热情又转移到自然哲学和数学上来，于是进入牛顿的母校剑桥大学三一学院学习，但是由于疲劳过度，在第三学年中断了学业，没有得到学位就离开了学校，以后在伦敦圣乔治医院继续研究医学。

与幼年的炫目光辉相比，青年高尔顿的这段经历显得太平淡无奇了，但是正是这一大堆看起来杂乱无章而又不太成功的教育，为他日后成为维多利亚时代最博学的一位学者奠定了基础。关于这一点，他的学术继承人皮尔逊有一个十分有趣的论断："这就使高尔顿比 10 个生物学家中的 9 个人懂得更多的数学和物理，比 20 个数学家中的 19 个人懂得更多的生物，而比 50 个生物学同数学家中的 49 个人懂得更多的疾病和畸形儿的知识。"

高尔顿 22 岁那年，他的父亲去世了，他获得了一笔可观的遗产。他放弃了在伦敦开业从医的机会，决心从此过一种无拘无束的学者生活。在英国历史上经常可以找到这样一类学者，他们从不在大学或研究机构供职，但凭着优裕的家产，在自己的书斋里完成了惊人的科学创造，人们把他们称为"绅士科学家"。最典型的"绅士科学家"大概就是卡文迪什和高尔顿了。

从 1845 年开始，高尔顿对地理及相关科学产生了兴趣。他首先同友人一道赴尼罗河流域进行考察，随后又单独进入巴勒斯坦腹地。每到夏季，他喜欢到设得兰群岛去捕鱼和收集海鸟标本，有时也亲自驾帆或乘气球升空。在设得兰群岛上空，他发现了一种顺时针旋转的大尺度空气涡旋，为了与过去人们所认识的气旋相区别，他命名其为反气旋，即高气压。此高气压在北半球作顺时针旋转，其中心部分的气压比周围高，反之则称为气旋或低气压。为了解决旅行中的通信问题，他还设计了一种电传打字机。

1850 年，经与皇家地理学会协商，高尔顿决定考察从非洲西部和南部到达恩加米湖的道路。这次探险充满了困难和危险，在两年的时间里，他不断地与各种恶劣的自然环境斗争，经历暴雨、丛林、野兽、饥渴的考验，历尽艰辛，终于获得了大量西南部非洲地理资源和风土人情的第一手资料。他的考察报告引起了皇家地理学会的高度重视，1853 年他被选为皇家地理学会会员。三年之后，34 岁的高尔顿成为皇家学会会员。

当时的英国仍然处于资本主义的上升期，同海外扩张与贸易有着直接关系的地理学一直受到政府和皇家学会的高度重视。高尔顿正是作为地理学家而进入科学界的，他的著作有《旅行的艺术》（1855）和《气象纪录》（1863）等。值得指出的是，我国文献中最早提到高尔顿时，也是把他当作地理学家介绍给国人的。

从非洲回来后，高尔顿一度感到身体虚弱和精神郁闷，这种“神秘的疾病”在他的后半生曾反复过多次。有的研究者认为这种疾病来源于其母系家族的遗传因素，因为他的表哥达尔文与另外几位母系亲戚都有类似症状。从此以后，他不再远游，1853 年结婚，1857 年开始在伦敦定居下来。

三、实验心理学和人体测量学的开拓者

1859 年，达尔文的《物种起源》发表了。高尔顿立刻成了他表哥学说的信奉者，他的科学兴趣也很快转移到与生命有关的领域里来。

高尔顿把达尔文关于围绕着群的平均值的偶发变异原理应用于人类研究，从而开拓了以个体差异为主要题材的实验心理学的新领域。1869 年，他发表了《遗传的天才》这一名著，他在这本书的引言中说：“人的天资在一定的限度内是可以遗传的，正如整个有机界一样。我的观点首先发表于四年前（《麦克米兰杂志》，1865 年 7—8 月），它与公众的认识有些出入，但是后来一些高水平的作者

接受了我的观点。在写作此书时，我又受到达尔文《动植物在家养下的变异》的影响，于是有了更充分的证据。”达尔文在读了这本书后写信给作者说：“你使一个对手改变了信念，因为我一直认为除智障者，人在智力上差别不大，只有热情和勤奋上的差别。”

在《遗传的天才》中完成了智力天赋的家族谱系研究之后，高尔顿又致力于建立更精确的测量方法来考察人类才能的差异。1883年，他出版了《人类才能及其发展的研究》，书中概述了两项实验心理学上划时代的研究方法和成果。第一个是关于自由联想的实验：他事先在75张纸条上各写一个单词，每次只让受测者看一张纸条，再用一个精密计时器测出由此引出两个即兴到来的联想所需要的时间，然后对这些联想在受测者的经验中的可能起源加以分析。他发现最经常的联想往往来自遥远的童年。“数目形”（看到或听到某一数字就联想起某种形状的感觉）的存在也是他的一个发现。第二个是关于心理意象的广泛调查：他要求受试者先想一件确定的东西，然后尽力注意自己的“心视”画面，并回答诸如明亮度、清晰度、色彩等一系列问题，每一心理意象都按其强度打出0至100的分数。他发现，有些人在某一领域没有任何意象，甚至某些著名的画家也很少或全无视觉意象，但有些人却能“看”到完美的表象。值得一提的是，在这些研究中他首先在心理学中引进了调查表和评分方法。

尽管这部书被人视为科学的个体心理学及心理测验的肇始，但高尔顿的初衷却并非如此。按照美国心理学家波林的解释：“那时进化论和神学信条有尖锐的矛盾，主张达尔文说的英国科学家都被视为宗教的不可知论者。高尔顿的思想本以科学的客观性为特征，此时乃凭此客观性，对于这个问题进行心平气和的衡量，结果以为信仰的深度不足为它的效度的测量。”举例来说，高尔顿通过海事记录所载失事船只上有无神职人员的比例和英国皇族的寿命来分析祈祷（因为全国绝大多数人都为皇室祈祷）的效果，结论是没有根据可以证明祈祷具有客观效应。他还用内省法来考察宗教意识，具体做法是从《笨拙》画报中取出一张漫画，有意使自己相信画中人具有神圣的品质，最后他在内心获得一种“野蛮人对于偶像所有的情感”。为了体验疯狂的感情，他就竭力把自己想象成一个被人怀疑的间谍，而皮卡迪利广场上的每个人、每匹马甚至每尊雕像都在监视着他，不久果然在内心达到了一种接近疯狂的境界。

19 世纪后半叶，实验心理学脱胎于哲学和生理学而成为一门独立的实验科学，在这一历史变革中起主导作用的，在德国有威廉·冯特，在英国则是高尔顿。关于这两位学者的风格特点，波林有一段精彩的论述：“冯特博学，高尔顿是富于创造性的。冯特努力研究，克服重重困难，高尔顿解决困难，则凭借其灵机一动。冯特常以他的系统武装自己，高尔顿则从未有什么系统。冯特是重视方法的，高尔顿是多才多艺的。冯特的哲学渗透于他的科学之中，高尔顿的科学是散漫而无组织的。冯特常作无休止的争论，高尔顿则常从事于观察。冯特有一个学派，一个正式的、自觉的学派；高尔顿则仅有朋友及影响。”这实际上也刻画出了高尔顿与任何一个领域中的专门家的分野。

高尔顿对实验心理学的贡献还包括一系列他所发明的心理测验

仪器和测验方法。有些仪器后来就以他的名字来命名，例如测量听觉阈的高尔顿笛和测量视觉范围的高尔顿棒，它们直到 20 世纪 30 年代都是心理实验室中的标准仪器，有人还专就它们的使用效果撰写成博士论文。他用盛有不同物质的瓶子来测验嗅觉，这一方法被后人沿用至今。他又计划从梵蒂冈教堂内镶嵌的玻璃中取样，制作一个标准的辨色表。为了体验人类承受窒息的生理阈限，他设计制造了一种装置，然后亲自坐在里面让人将装置浸没到水池中去，好几次把自己弄得死去活来。除此之外，他又设计了测量肌肉感觉、反应力、触觉的仪器和方法。

他对辨认面容和照相术有特殊的研究，通过对大量相片的分类整理，他归纳出罪犯、家族、种族乃至纯种马的典型特征。有一段时间，他对妇女的面容特别有兴趣，于是随身携带一张卡片，每遇到一位妇女就将自己对其容貌的评价结果记录下来，最后根据大量结果绘制了一份全英“美女分布图”。在这幅图上，密度最高的是伦敦，最低的是苏格兰的阿伯丁。

法国人伯特隆于 1879 年开始研究人体测量法，经过长时间的探索，制定了人体三大部位的 11 种测量标准，这种方法很快被巴黎警察局和法国监狱用来识别罪犯。高尔顿对伯特隆的方法进行了研究，认为仅用这些标准来识别一个人是不够的。1888 年 5 月，高尔顿出席皇家学会召开的关于伯特隆测量系统的讨论会，会上有人报告了指纹在鉴别个人方面的作用及中国人在契约上应用指纹的情况，引起了他的极大兴趣。1888 年，福尔斯在《自然》杂志上发表提倡指纹术的公开信，高尔顿也通过《自然》编辑部结识了更早介绍中国人应用指纹术的赫歇尔，从此开始了自己对指纹学的系统研究。

1892 年，他在《指纹学》这部奠基性的著作中首次提出了包括斗、箕、弓三种基本类型的指纹分类法，并参照伯特隆的人体测量标准制定了一套按照纹型及十指顺序排列的编码程序；他在书中又提出了指纹具有终身不变性、可识别性和可分类性的三条原则，从而为指纹学的理论和应用奠定了基础。

1893 年，苏格兰场首席检查官访问巴黎回来后建议采用伯特隆测量系统，同时内政部已经收到了高尔顿的《指纹学》。在高尔顿的要求下，一个委员会对伯特隆测量系统和高尔顿的指纹编码程序进行了调查。委员会的成员们对高尔顿方法的简便大为吃惊，但是鉴于当时的编码尚待进一步完善，最后建议采用伯特隆 11 种标准中的 5 种，并以高尔顿的指纹编码法作为补充手段来建立犯人档案。以后的一个时期中，指纹学方法被不断地充实完善，最后终于完全取代人体测量法成为最重要的个人鉴别手段。

高尔顿也曾致力于更广泛的人体测量，但他的目标要比伯特隆的远大得多。从 1884 年起，高尔顿先是在伦敦的国际卫生博览会，后是在南肯辛顿博物馆开设了一个人类学测量室。在一个狭长房间的一侧摆着长桌，人们只需付 3 个便士就可进入，按顺序通过长桌，工作人员就将陆续测量出他的身高、体重、肺活量、拉力、握力、听力、视力、辨色力等。在 6 年的时间里，该实验室共收集了 9337 位男女的详细资料，它们支持了高尔顿关于人类个体在体能和智能上都存在着巨大差异的观点，这也成为他从事遗传学和优生学研究的一个原动力。

四、遗传学的探索者和优生学的奠基人

高尔顿在 19 世纪遗传学史上占有一个重要的位置，他对这门科学的突出贡献是引进了定量化的分析方法，这种方法在《遗传的天才》中得到淋漓尽致的发挥。

他对英国历史上的法官、政治家、军事家、文学家、科学家、诗人、画家、牧师等各类人物的家族进行了系统的考察，力图证明智能遗传的存在并给予定量的描述。例如，他考察了 1660—1865 年间的 286 名英国法官，发现其中共有属于 85 个不同家族的 109 人有亲属被列入 1865 年版的《时代名人辞典》，他以列入此书作为“名人”的标准。他又把亲属分成若干等级：第一级包括“父亲”“兄弟”“儿子”三栏，第二级包括“祖父”“叔伯”“侄甥”和“孙子”四栏，第三级包括“曾祖”“叔爷”“表兄”“侄孙”“曾孙”五栏，更远的亲属统统归于最后一栏；每一栏中，又分为“父系男”“母系男”“父系女”“母系女”四个类别。举例来说，第二级亲属“祖父”这一栏的四个类别实际上是祖父、外祖父、祖母和外祖母。他的调查结果列表如下（见表 1）：

表中 A 列是属于 85 个家族的所有“名人”亲属数；B 列是按比例计算 100 个有“名人”的法官家族应有的“名人”亲属数，即 $B=\frac{100}{85}A$（取整数）；C 列表示每 100 个人平均拥有的亲属数；D 列表示有“名人”的法官家族里的“名人”在亲属中所占的百分

比，即 $D=\frac{B}{C}\times100\%$；E 列表示所有英国法官家族里“名人”在亲属中所占的百分比，即 $E=\frac{85}{286-24}D$。最后一项分母中的 24 表示 85 个家族中重复出现的“名人”数，即 109−85，整个分母 286−24 则表示所有产生过法官的家庭数，$\frac{85}{286-24}$ 则表示有“名人”亲属的法官家庭在所有产生过法官的家庭中的比例。但是高尔顿将分母误作为 242，所以 E 列的数据全都略大，表 1 已修正过来。

表 1　英国法官中亲属列入《时代名人辞典》情况的统计

亲属级别		父系男	母系男	父系女	母系女	A	B	C	D	E
Ⅰ	父亲	22			0	22	26	100	26.0	8.4
	兄弟	30		0		30	35	150	23.3	7.6
	儿子	31		0		31	36	100	36.0	11.7
Ⅱ	祖父	7	6	0	0	13	15	200	7.5	2.4
	叔伯	9	6	0	0	15	18	400	4.5	1.5
	侄甥	14	2	0	0	16	19	400	4.75	1.5
	孙子	11	5	0	0	16	19	200	9.5	3.1
Ⅲ	曾祖	1	1	0	0	2	2	400	0.5	0.2
	叔爷	1	2	0	0	3	4	800	0.5	0.2
	表兄	5	2	1	1	9	11	800	1.4	0.5
	侄孙	7	1	7	0	15	17	800	2.1	0.7
	曾孙	2	2	1	0	5	6	400	1.5	0.5
	其他	…	…	…	…	12	14	…	0	0

高尔顿从这个表上作出了两个推论：第一，根据 E 列显示的结果，平均每 100 个英国法官的亲属中就有 8.4 个“名人父亲”、7.6

个“名人兄弟”、11.7 个“名人儿子”……共 38.3 个“名人亲属”；而根据《时代名人辞典》和《泰晤士报》上一年一度公布的名人讣告的统计，高尔顿曾得出全英国平均 4000 人中产生一个“名人”的结论，由此证明天才在法官家族中是遗传的。第二，根据 D 列显示的结果，在有“名人”亲属的法官家族中，一级亲属平均每 100 人中出现 86.2 个“名人”，二级亲属中平均每 100 人中出现 26.25 个“名人”，三级亲属中平均每 100 人中出现 6 个“名人”，“名人”出现的比例按亲疏程度大致呈 1/4 的规律递减，这可以说是他日后思考生物学中回归现象的一个起点。

高尔顿对其他知识阶层家族的调查也得出了同样的结果。我们不想在此讨论这类调查在统计学上的粗浅与疏漏，只需指出把人的才能（实际上是他在社会中的地位）作为遗传的性状来加以研究是站不住脚的。但是通过这一实例，我们可以清楚地看到高尔顿是多么重视他的数学方法。随后，他又在《英国科学家》（1874）、《家族能力的报告》（1884）等著作中继续了这一研究。1889 年，他在《自然遗传》中提出了一个公式，试图用数学方法来表达遗传作用与亲缘程度的关系，这被皮尔逊命名为“高尔顿祖先遗传定律”：

$$\frac{1}{2}+\left(\frac{1}{2}\right)^2+\left(\frac{1}{2}\right)^3+\cdots=\sum_{n=1}^{\infty}\left(\frac{1}{2}\right)^n=1$$

其含义是：就平均而言，双亲对后代提供总遗传量的一半，4 个祖亲对后代提供总遗传量的 1/4，8 个曾祖对后代提供总遗传量的 1/8，依此类推，则有个体获得的全部遗传量 1。在这一表述中，任何一级祖先的遗传性状在整个遗传过程中都不会完全消匿，又因为任何微小的因素在适当的条件下都能产生显著的后果，这一公式就能很好地解释返祖等生物学现象。

受到达尔文暂定泛生说的影响，高尔顿认为遗传的过程颇像不同液体相混合的过程，其结果是每一种母液的成分都均匀地分布在混合后的液体里。[1]但是，1900 年孟德尔的工作被重新发现以后，这一理论连同高尔顿的祖先遗传定律一道遭到了毁灭性的打击。

孟德尔和高尔顿有很多相似之处：他们生于同一年，都力图从数量上揭示遗传现象的奥秘。高尔顿在回忆录中曾提到自己在获知对方的工作时的心情：在那一瞬间，我突然感到自己同那个死去的奥地利神父是心灵相通的。的确，在 1875 年 2 月 18 日写给达尔文的一封信里，高尔顿几乎接近了被称为孟德尔分离定律的结论。这封信讨论了黑、白混血后代的组成：他假定每个细胞里只有两个胚芽，一个决定白的遗传，一个决定黑的遗传，结论是通常情况下子代中将有 1/4 是白的，1/4 是黑的，1/2 是灰的。在这封信中，他还触及了后来被马瑟和金克斯称为“遗传学第一原理”的遗传型和表现型的关系问题。

但是他们之间的分歧更明显：孟德尔着眼的是间断的、显性的遗传性状，高尔顿关心的是连续的数量变化关系。20 世纪初，两派观点的拥护者们围绕着“遗传规律是间断的还是连续的”展开了一

1　尽管高尔顿用家兔输血实验证明了达尔文关于胚芽（一种虚构的遗传载体）在血液中自由流动的观点是不对的，但他仍然没能抛弃建立在此基础上的融合遗传观念，只不过认为胚芽中的一部分在细胞形成的过程中被消耗掉了而已。

场大论战。1894 年，皇家学会应高尔顿的要求成立了一个“进化委员会”来对生物的可测量性状进行检验，孟德尔派的领袖贝特森起初拒绝了该委员会的邀请，后来又加入并担任秘书，高尔顿的拥护者们则以辞职来表示抗议。20 世纪初，染色体的发现使这场争论的天平迅速地倒向孟德尔一边。但是早期孟德尔主义者们过于简单的理论不能解释诸如人类身高、面貌等呈连续变化的遗传规律，而高尔顿的数学方法正好在这方面大显神通，相关与回归的理论就是他的杰作，这些内容我们留待下一节再详细介绍。

现在我们知道，显性变化并非遗传机制的绝对规律，基因型的变化是不连续的，但表现型是可以连续的，因此连续的变异也可以是遗传的。英国数量遗传学大师费歇尔说：“如果遗传的决定因素确是按孟德尔方式遗传的话，那就必须接受生物统计学的结果。”这是对 20 世纪初这场大论战的一个恰如其分的总结。

高尔顿又开创了孪生子的研究，其目的是尽量排除环境和后天教育的影响来考察遗传作用。在 1876 年的一篇关于孪生子的文章中，他提出了一个三角形模型：三角形的底边固定不变，代表遗传因素，另外两边分别代表环境与教养，三角形的面积则表示成人的素质。这也就是说，遗传是先天决定的，但是环境较差的人可以通过教养来得到补偿。在孪生子研究中，他还发现了许多有趣的现象，例如孪生子容易感染相同的疾病，一对孪生子分离数月后却死于同一天等。

高尔顿针对不同人种的遗传特质进行了比较，指出不同人种的发展力是由于他们对其特定环境适应的后果。他认为变异不仅出现于个体之间，而且可能存在着广泛的变异与选择，这样新的种族才得以发展。这是把进化论中关于变异、选择和适应等基本原理应用于人类个体和种族研究的一个重要结果，它提醒作为万物之灵的人类注意某种符合生物学原理的危险，即由于低能人的大量繁殖和有天赋的人的相对减少而引起的种族退化，也提醒人们可以通过自身的努力来淘汰祖先留传下来的劣性而选择优性遗传给后代。

尽管优生学的思想可以在许多古代文明中找到，但是通常人们把 1883 年作为它正式诞生的年份，这是因为高尔顿在这一年出版的《人类才能及其发展的研究》中第一次提出了一个以人类的自觉选择来代替自然选择的社会计划，为此他创造了“优生学”这个新词。他对这门学科所下的定义是：“对于在社会控制下的能从体力方面或智力方面改造或损害后代的种族素质的各种动因的研究。”高尔顿对这一研究倾注了极大的热情，他先后撰写了《在现存法律与舆论条件下改良人种的可能》（1901）、《优生学的定义、范围和目的》（1904）、《优生学随笔》（1909）等论文和专著。他建议对古今各国不同社会阶层的生育情况作一广泛的调查，收集可靠的资料来阐明一些家族所以昌盛的原因，深入研究影响婚姻和婚姻制度的各种因素，普及遗传学知识并促进其发展，向全民宣传优生学的重要意义。

1904 年，高尔顿出资在伦敦大学设立一个优生学讲座，邀请皮尔逊来主持。同时，他还在该校设立世界上第一个优生学档案室，两年后改为优生学实验室，仍由皮尔逊来领导，与皮尔逊设立较早的生物学测量室相互为用。1911 年，这两个实验合并为应用统计系。1908 年，英国优生学教育会成立，高尔顿出任名誉会长，同年该会出版了《优生学评论》。不久，优生学就在国际范围内得到传播，1905 年，德、奥、瑞典、瑞士等国的学者建立了第一个国际性的优生学组织国际民族卫生学会。1912 年，即高尔顿逝世后的第一年，第一届国际优生学会议在伦敦召开，高尔顿的理想终于发展为一种国际性的科学与社会的运动。

五、英国生物统计学派的先驱

初看起来，高尔顿的科学活动就像他的早年教育一样杂乱无章，但是只要认真思索一下就不难从中理出一个头绪来：40 岁以前，他主要是作为一个地理学家为人所知；信奉进化论是他科学生涯中的一个转折点，他的人类学测量和心理学研究都是为了证明个体与种族在体能和智能上存在着巨大差异；为了探索这些差异的原因他又涉猎了遗传学；而当他把遗传学原理应用于社会改造这一目标时就创立了优生学。然而，这一切活动都有一个共同的鲜明特征，这就是充分依赖数据分析和数据统计。他统计人的寿命、统计孪生子、统计家族无嗣、统计演讲会上人们打呵欠的频率、统计街谈巷议对评奖结果的影响，“无论何时，能算就算”，这是高尔顿最得意的一句名言。把统计学方法引入与生命和社会现象有关的领域中来，是他最重要的一项科学贡献。

正态分布律是自然界和人类社会中最普遍的统计规律，比利时天文学家兼社会学家刻特雷曾发现一系列人类学测量结果，诸如法国应征士兵的身高、苏格兰枪手的胸围都符合正态分布，在此基础上提出了“中人说”。按照这种理论，造物主好比是一个好射手，他创造出来的“芸芸众生”分布在靶心的两侧，高能与低能的人都是对靶心较大的偏差。高尔顿应用这一学说来考察人类的智力，他设想每 100 万个同龄人中有一个绝顶聪明的天才和一个最不可救药的白痴，分别用 X 和 x 来表示其等级，再将剩下的 999998 人分成级差相同的 14 组，智力等级顺次为 G、F、E、D、C、B、A、a、b、c、d、e、f、g，这样制成一个服从正态分布的智力分级表。在这个表中，位于中间的两个等级（A、a）几乎占了整体的一半；如果再加上相邻的四个等级（C、B、A、a、b、c）则占了整体的 95.8%，这部分人就是刻特雷所说的“中人”；而分别位于表左端的三个等级（X、G、F），大约占整体的 1/4000，这正是他根据历史文献得出的“名人”在全民中的比例。

高尔顿又对历年剑桥大学数学考试者的成绩作了分析，发现夺得头名的人的分数往往远远超出其他人，这使他想到奖金的公平分配问题。在《冠亚军奖额的最佳比例》（1902）一文中他指出：如果奖额固定且仅授予前两名，而竞赛成绩符合正态分布的话，冠军的奖额大约应为亚军奖额的 3 倍左右。皮尔逊后来把这一问题推广到竞争者人数多至无穷和成绩不符合正态分布的一般情况。高尔顿的分级思想在教育学中被广泛采用，美国人麦克考尔在高尔顿《分级与偏差》（1906）的启发下提出了 T 分制，它与百分制的换算关系为：$T=\frac{10x}{\sigma}+50$。式中 T、x 分别表示 T 分制和百分制的分数，σ

为全部成绩（假定呈正态分布）的标准离差。

高尔顿最早在统计学中提倡应用四分位数。1874 年，他在《人类学的注释与质疑》中向即将前往非洲探险的人类学家提出了下述建议：当地的酋长可能乐于将自己的子民按高矮排列成行，却不愿外人对他们逐个进行测量，这时候应设法得到位于队列首尾各 1/4 处的土人的身高。1880 年，他在《智力》一书中又用通俗的语言阐述了四分位数、八分位数、十六分位数以及中数的统计学意义。

高尔顿对统计学的最大贡献是相关性概念的提出和回归分析方法的建立。在遗传学的研究中有一个使他经常感到困惑的问题：既然个体的差异是那样明显而每个后代都与其父母相似，那么经过若干代持续的遗传之后，种群的某种遗传性状的平均值何以能够维系稳定？

大约 1875 年左右，高尔顿通过一种甜豆实验接近于得到这一问题的解答。他将种子按大小分成七组，然后请居住在英国各地的朋友们分别播种不同组的种子各 10 粒，收获后将果实连同枝蔓一道寄回。通常来说，大组的果实较大，小组的果实较小，这几乎是无需验证的常识。但是高尔顿注意到一个有趣的现象：大组中子代的中数略小于父代的中数，而小组中子代的中数略大于父代的中数。表 2 是其中的一组结果：

表 2　高尔顿的甜豆实验数据（直径，单位：1/100 英寸）

组别	1	2	3	4	5	6	7
父代中数	15	16	17	18	19	20	21
子代中数	15.4	15.7	16.0	16.6	17.0	17.0	17.3

表 3　英国父一子两代的身高频率（单位：英寸）

父代X / 子代Y	67.5−68.5	68.5−69.5	69.5−70.5	…
75.5−76.5	1.25	0.25		…
76.5−77.5	1.25	0.25	1	…
77.5−78.5		1	1	1
…	…	…	…	…

这意味着，就平均数而言，子代往往比其父代更具有向某一中值集中的趋势。高尔顿隐约感到这一事实是解决遗传稳定性的钥匙。随后，他又观察到狗和飞蛾的某些遗传性状也有类似的规律。

在以后的一段时间里，高尔顿集中精力于人的身高这一课题。他将经过处理后的英国两代公民的身高数据制成如表 3 形式的频率表，[1] 表 3 中最上面一行是父代的不同身高组，左边一列是成年子代的不同身高组，中间数据为相应的父一子身高组合出现的频率（实际上是分离频率的分子，其分母为样本总数）。对于表 3 中的每一行，高尔顿都算出其内四分位数，他发现这些数值都很接近。他又考察每一行和每一列的中数，发现它们近似地位于两条相交的直线上。这两个现象的生物学意义可用子代具有向“中人”标准靠近的趋势来解释。

他又分别以父、子的身高为轴，在两个身高组交会的区域标出相应的表示频率的点子。奇妙的事情发生了，他后来在回忆录中写

1　他先将母亲（或成年儿女）的身高乘以一个系数 1.08“转换”成男性身高，然后取其与父亲（或成年儿子）身高的平均值作为父（或子）的身高。

道："终于，在某一天的早晨，当我在拉姆斯门附近的路边火车站一边候车一边凝视着笔记本上的图形时，我突然注意到图上频率相同的点分别排列在一族同轴椭圆上。尽管图上的频率点很少，但是我的眼睛对这类图形已经司空见惯，我确信自己正在接近问题的解答。"

在剑桥大学圣彼得学院狄克森的帮助下，高尔顿找到了这一问题的数学解。原来，以父—子两代身高为变元的频率函数是一个二维正态分布，其性质早已为拉普拉斯、高斯等人所熟知，一般来说可表示为：

$$Z=\frac{1}{2\sigma_1\sigma_2\pi\sqrt{1-r^2}}\mathrm{e}^{-\frac{1}{2(1-r^2)}\left(\frac{x_1^2}{\sigma_1^2}-\frac{2rx_1x_2}{\sigma_1\sigma_2}+\frac{x_2^2}{\sigma_2^2}\right)}$$

这是一个对称得很好的山包状的曲面，其边界函数是一个一维正态分布，这表明仅就一代人而言，其身高呈正态分布，这一事实早已为刻特雷所证实。如果令 Z 为一常数，也就是取某一固定频率的等高截面，其截面方程为：

$$\frac{x_1^2}{\sigma_1^2}-\frac{2rx_1x_2}{\sigma_1\sigma_2}+\frac{x_2^2}{\sigma_2^2}=k\text{（}k\text{ 是由常数 }Z\text{ 决定的常变量）}$$

这是一个椭圆：若 $r=0$，该椭圆以 x、y 轴为长短轴的方向；若 $0<|r|<1$，该椭圆的轴与坐标轴斜交；若 $|r|=1$，椭圆退化成一条直线。高尔顿注意到的由频率点组成的椭圆族，正是这样一个二维正态分布的不同等高截面。

他意识到这类椭圆族的公共长轴可以作为两个变元（即父—子

两代身高）关系密切程度的标尺，而上述方程中的 r 恰好就是椭圆族公共长轴的斜率，于是就给它起了个名字叫“相关系数”，后来被人形象地称为生命的“长青系数”。对于两个变元来说，r 的绝对值通常在 0、1 之间：$r>0$ 为正相关，此时 y 值随着 x 值增大而增大；$r<0$ 为负相关，此时 y 值随 x 增大而缩小；$r=0$ 说明两变元无关；$|r|=1$ 表示两变元之间的关系达到最强，此时椭圆退化成它的长轴，长轴所在的直线称为回归直线。

高尔顿首次向世人披露自己的发现是在 1877 年，他在皇家学会的刊物上发表了题为《男子典型的遗传规律》的论文，介绍了他的甜豆实验并首次使用“回归”这个词，文中还提出了标准误差估计公式：

$$v=\sqrt{1-r^2\cdot C}$$

其中 v 为家族变异性，C 为一般人口变异性。1885 年，他在英国人类学联合会阿伯丁大会的演讲中介绍了相关图方法，这篇演讲的内容不久就被整理在《身高遗传向中人的回归》一文中发表出来。1886 年，他又通过人类的其他遗传特征，如面貌、眼睛的颜色等证实了回归规律。第一次使用“相关”这一术语是在 1888 年的《相关性及其测量》一文中，这篇论文还讨论了根据样本计算 r 值的方法。所有这些结果都被总结到《自然遗传》这一经典文献中，这一著作很快在英国一批年轻的生物学家和数学家中引起了震动。

皮尔逊原先在大学教授概率论和变分法等应用数学课程，当他从一篇介绍文章中得知高尔顿的思想后就皈依了生物统计学。他回忆道：“我立刻从高尔顿 1889 年的《自然遗传》中得到刺激……这一段时间我致力于三个、四个乃至几个变元的相关性的一般理论。这一领域非常宽阔，我非常兴奋，即使前人已经作过的调查我也没有放过，我希望找到新的结果并加以应用。”他创立了用二阶矩来表示相关系数的广义相关理论和算法，使高尔顿的原始方法发展成现代统计学中一个重要的检测手段。1900 年，他又创立 χ^2 检验法，开创了统计决策的新纪元。在皮尔逊的热情倡导下，韦尔登、埃奇沃思等人纷纷致力于生物统计学领域，一个颇有影响的生物统计学派开始形成。

1901 年，高尔顿、皮尔逊和韦尔登共同创办《生物统计》杂志，从创刊到皮尔逊去世为止一直由皮尔逊出任主编（Vol.1—28，1901—1936）。它成了英国生物统计学派的一面旗帜，高尔顿晚年关于统计学的作品和现代数理统计领域中的一些重要成果都是在这个刊物上发表的。1908 年，皮尔逊的学生戈赛特署名“学生”，在《生物统计》上提出又一重要的统计决策工具——“学生”分布检验法。皮尔逊的儿子伊贡·皮尔逊和罗马尼亚出生的学生内尔曼也对数理统计颇多建树。其后又有费歇尔异军突起，在方差分析、参数估计、实验设计、小样本显著性检验及极大似然解等方面硕果累累，成为一直活跃到 20 世纪 60 年代的最伟大的数理统计分析学家。费歇尔曾长期担任伦敦大学的高尔顿优生学讲座教授，他在罗姆斯泰德实验站从事的遗传学实验，无疑是与高尔顿以来的英国生物统计学派的传统一脉相承的。20 世纪 60 年代以前，英国被认为是数理统计新思想的发源地和理论中心，溯其源头，当始于高尔顿。

六、功名身后

高尔顿生性淡泊，与世无争，他的晚年生活是恬静安宁的。1908 年，他在回忆录中把家族的长寿归因于活了 85 岁的外祖母波尔。他不无自豪地说："我的母亲快到 90 岁才去世，我的长兄活了 86 岁，两个姐姐分别活了 93 岁和 97 岁，二哥现在 93 岁了仍然很健康，我今年不过 86 岁，有可能活得更长些。我发现在忠实地遵守许多限制的前提下，老年是人生中一个十分有趣的阶段。"

1909 年，他被英国王室授予勋爵称号，成为英国历史上又一位以自己的科学成就获此荣誉的公民。

1911 年 1 月 17 日，高尔顿以 89 岁高龄逝世于英格兰南部萨里的庄园。富有戏剧性的事实是，他违背了自己的优生学信条：没有为这个世界留下一个后代。

他的亲属委托皮尔逊为他整理学术遗物，皮尔逊于 1914 年至 1930 年陆续出版了三卷《弗朗西斯·高尔顿的生平、书信与工作》。其中，卷一（1914）述及他的童年及家世，卷二（1924）包括他的地理学、人类学、心理学研究，并略及统计学，卷三（1930）包括遗传学、优生学以及指纹学、人体测量法等。据皮尔逊的不完全统计，高尔顿生平著书 15 种，撰写各种学术论文 220 篇，涉猎范围包括地理学、天文学、气象学、物理学、机械学、人类学、民族学、社会学、统计学、教育学、医学、生理学、心理学、遗传学、优生学、指纹学、照相术、登山术、音乐、美术、宗教等，是一位百科全书式的渊博之士。

对于日新月异地发展着的现代科学与社会来说，高尔顿的许多工作已经成为维多利亚时代的遗迹了。他的主要失误在于低估了人与社会的复杂性，过分地夸大了生物学原理的适用范围，而他所借重的数学工具在那个时代还不足以保证能够得到充分可靠的统计结果。当然，我们也不应排除阶级偏见和种族意识对他的影响。举个例子说，他根据自己对英国显赫家族谱系的调查得出妇女的智力比男子低的结论，但是忘记了社会习俗对妇女的抑制已扭曲了他的统计结果；再如，他认为美洲黑人的智力等级一般要比盎格鲁－撒克逊人为低，这是无视政治、历史、经济诸般因素而将文化与智力混为一谈所导致的错误。我们只需对他的工作作一点细心的研究，就不难找出他是在什么地方失足的。

但是长期以来，我国学术界对高尔顿的批判却不是基于对其原始工作的研究与分析，而是简单地套用一类童话剧式的模式展开的。更令人遗憾的是，直到今天，我们对高尔顿的思想和工作还缺乏全面的了解，当然也就谈不上对他的功过作出公允评判了。关于高尔顿历史功过的争论，绝大多数是围绕着优生学而展开的。应该看到，优生学在其早年确实带有某些非科学的成分，它们也曾被种族主义者利用来推行其反动政策，希特勒就是在优生的名义下屠杀了数百万犹太人。因而，不承认种族主义和法西斯暴行与优生学早期所包含的非科学成分有关是不符合历史实际的。但是，把优生学与种族优越论、阶级优越论说成是“一路货色”，给高尔顿简单地扣上一顶“资产阶级学者”的帽子也是不能令人信服的。正如波林所说，高尔顿创立优生学的目的是“要推翻时人的宗教的武断，而代以从所应努力的目标，即进化的信仰，他所主张的人类努力的目标，并非天国，而为超人”。事实上，自从优生学问世以来，一些坚持科学立场的学者就对其遭到滥用的后果有着清醒的认识，并且把这种滥用与高尔顿的理想截然分开。正如日本学者木村资生在《进化遗传与人类的未来》一文中所说的那样：“优生学是达尔文的表弟弗朗西斯·高尔顿从理想主义出发提出来的，但一时曾被纳粹德国的非科学的、无人道的民族政策所滥用，因此优生学也就面目全非了。然而，从以分子遗传学的发展为标志的近代生物学的革命和进步来看，在人类生活发生巨大变革的今天，对于优生学问题，应该从新的立场来重新加以认真的研究。”

值得庆幸的是，从事这种“认真的研究”的环境在我国已经出现，优生学作为一门科学正越来越受到人们的重视，有关优生学的一系列临床和实验成果正在逐渐汇入世界的先进潮流。在这种形势下，对高尔顿的较全面了解和公正评价就显得更为重要，何况他的思想和学术成就都不仅仅囿于优生学这一领域。

在结束本文的时候，我们可以说：高尔顿是一位伟大的社会改造的理想主义者，是一位多才多艺的科学家，是 20 世纪许多新思想新成就的源泉。他曾为人类的美好未来而工作，也必将为人类争取更美好的未来发挥作用。

（作者：刘　钝　苏　淳）

约翰·詹姆斯·奥杜邦

博物学家的多重形象

约翰·詹姆斯·奥杜邦

（John James Audubon，1785—1851）

新华网曾发布这样一则消息：

> 当天，纽约市佳士得拍卖行展出《美国鸟类》一书珍藏本。该珍藏本将于4月20日在纽约进行拍卖。《美国鸟类》由美国鸟类学家、画家和博物学家詹姆斯·奥杜邦在1827年创作，真实描绘了400多种生活在美国的鸟类，其画作大小与实物完全一样。该书曾被誉为19世纪最伟大和最具影响力的著作，目前世界上仅存119本。其中由私人收藏的一本在2010年英国伦敦拍卖会上拍出了将近732.13万英镑（约合人民币7657.79万元）的高价，成为“世界上最昂贵的图书”。

事实上，约翰·詹姆斯·奥杜邦的《美国鸟类》曾多次刷新书籍的拍卖纪录。例如，2000年《美国鸟类》的原版书在纽约克里斯蒂拍卖行以880.25万美元的高价成交。这些数字在一定程度上代表了现代人对该书的珍视。《美国鸟类》也确实被誉为“美国珍宝”，由美国国家艺术馆和美国费城自然博物馆等机构收藏，并定期向公众展示。当然，早在19世纪，该书就受到各国王室贵族和著名学者的喜爱。在日本幕府末期，美国海军军官佩里曾将该书当作礼物带到日本，使其成为对当时日本博物学造成影响的少数外国书籍之一。

那么，这究竟是怎样的一本书？作者奥杜邦又是何人？他和传统意义上的鸟类学家不同，不仅获得相当多的荣誉，也为更多人所知，他在美国几乎家喻户晓。这不仅仅是因为他的《美国鸟类》和鸟类研究成果，更是因为他以独特的方式推动了鸟类文化和鸟类保护工作的发展。国外已有很多关于奥杜邦的传记和研究，国内也有一些关于《美国鸟类》和奥杜邦的说明，也出版了数本以奥杜邦的鸟类绘画为基础的书籍。这虽然使奥杜邦为国人所知，但奥杜邦究竟完成了哪些鸟类研究工作？他是如何开展这些工作的？他又对美国鸟类文化造成了何种影响？这些仍需要更多的探讨。因此，本文试图介绍奥杜邦的鸟类研究成果以及他为美国鸟类文化所作出的贡献。

一、美国鸟类知识的呈现：《美国鸟类》和《鸟类学纪事》

1. 著作的出版：《美国鸟类》和《鸟类学纪事》

奥杜邦一生出版了多部博物学著作，其中与鸟类相关的有《美国鸟类》《鸟类学纪事》《北美鸟类总览》，以及《美国鸟类》和《鸟类学纪事》合并出版的 7 卷本，还有他为威尔逊的《美国鸟类学》增添的内容。其中，影响较大也更广为人知的是前两部著作：《美国鸟类》和《鸟类学纪事》。奥杜邦一生都热衷于绘画和观察，也在旅途中撰写日记。他所绘制的鸟类绘画大部分编入《美国鸟类》一书中。他的日记则包含大量鸟类、哺乳动物以及人文景观的记录。其中关于鸟类的那一部分内容则形成了《鸟类学纪事》，与《美国鸟类》的绘画一一对应，提供图片之外生动而详细的文字说明。

《美国鸟类》一书的出版先后经历了 12 年的时间。1826 年，奥杜邦前往英格兰，他的第一幅版画《火鸡》随之问世。随后，精美的版画经由奥杜邦的画笔、雕版工人的刻刀和上色工人的手一一呈现。为了获得更多的订阅者，奥杜邦按册发行该书，每册包含 5 幅画。这 5 幅版画中包含一幅大型鸟类、一幅中型鸟类及三幅小型鸟类，其中可能有一幅包含之前未曾描述过的鸟类。每册售价 2 几尼，最终共发行 87 册，合 435 幅版画。1838 年,《美国鸟类》全部出版，分为 4 卷，绘制了 489 种共 1065 只鸟类图画。关于该书的特点，奥杜邦曾在 1827 年 3 月 17 日的《简介》中写道：该出版物采用双象对开本的形式出版，纸质优良；雕版和原画大小相同，都体现了鸟类及其他物品的自然大小；每幅版画都依原图慎重填色；等等。

由于《美国鸟类》出版大获成功，1831 年奥杜邦开始筹划出版《鸟类学纪事》。该书由苏格兰鸟类学家麦吉利夫雷担任编辑。他是研究鸟类的专家，也是第一位以博物学为职业的博物学家。奥杜邦在该书第 1 卷的序言里称赞麦吉利夫雷“受过良好的人文教育，对自然科学也十分热爱，帮助他完善了科学细节，使粗糙的《鸟类学纪事》变得流畅”。1839 年,《鸟类学纪事》5 卷全部出版，共计 3500 页。它是《美国鸟类》的文本说明，包含大量鸟类的生境、习性和行为的描述，以及美国各地的人文风景介绍。1841 年，奥杜邦回到纽约，将《鸟类学纪事》与《美国鸟类》合并，出版了图文并茂的缩小版——皇家八开本版。1844 年，该书共出版 7 卷，采用石版印刷的方式，比之前的两个作品多涉及 65 种鸟类。

2. 鸟类研究者奥杜邦：关注命名

18、19 世纪，命名和分类都是鸟类研究十分关注的问题。奥杜邦虽未从事分类研究工作，却热衷于鸟类命名。就其命名方式而言，在英文俗名方面，他采用了以人名为名的习惯；在学名方面，他则完全采纳了林奈的双名法。在他的所有鸟类作品中，他总共提出了 91 个新的鸟名，其中有 57 个以人名为名。比如，第 5 幅版画波拿巴霸鹟（Bonaparte's Flycatcher），学名为 Muscicapa Bonaparth。这种命名方式在 19 世纪初期十分盛行，所采用的人名不仅包括命名者、发现者、描述者、杰出的博物学家，还有命名者的亲人、朋友和助手等。

奥杜邦不仅热衷于命名，还十分重视命名的准确性。在《美国鸟类》中，奥杜邦共命名了 47 种鸟类，随后却由于某些原因放弃了其中一些名字。在《鸟类学纪事》中，奥杜邦也修订了一些《美国鸟类》中的名字，其中包括一些写法上的改变，如 Fly Catcher 与 Fly-Catcher 的替换。不过，他做得更多的是修正一些命名。例如，在《美国鸟类》的第 160 幅版画中，鸟类的英文俗名为黑冠山雀（Palm Warbler），学名为 Parus Atricapillus。在出版《鸟类学纪事》时，奥杜邦和多位著名学者讨论后确定其为另一个物种，英文俗名定为卡罗来纳山雀（Carolina Titmouse），学名改为 Parus Carolinensis。在第 163 幅版画中，鸟类的英文俗名为棕榈林莺（Palm Warbler），学名为 Sylvia palmarum。在《鸟类学纪事》中，奥杜邦将其重新鉴定为红顶黄林莺（Yellow Red-poll Warbler），学名为 Sylvia petechia。

尽管奥杜邦十分重视鉴别和命名，但由于所处时代的局限性，以及鸟类命名本身就在不断地发展，如今他所采用的鸟类名字也发生了很大的变化。据卢卡斯记载，在1889年的美国鸟类名录中有33种是由奥杜邦命名的。而在1992年出版的《从奥杜邦到克桑图什》中，作者指出奥杜邦命名了20种北美鸟类的英文俗名或学名。那些奥杜邦提出的鸟类名字有一些被认可、沿用，另一些则被取消。而那些被取消的鸟类名字要么已被命名或者只是杂交种，要么是已知物种的亚成体或雌鸟。例如，奥杜邦绘制的华盛顿鹰（Washington's Eagle）就是白头海雕（Bald Eagle）的亚成体，而塞尔比霸鹟（Selby's Flycatcher）则是黑枕威森莺（Hooded Warbler）的雌鸟。

由上文可知，奥杜邦十分关注鸟类研究的学术问题。可是，他和当时的学院派鸟类学家不同。他热衷于荒野，并没有在博物馆内研究各种鸟类标本。他的作品也不像布里松的《鸟类学》那样关注分类，也没有构建或应用任何分类体系。尽管热衷于命名，但比起林奈，奥杜邦只命名了少量的美国鸟类。一些学者也认识到奥杜邦的这些特质，并认为比起分类和命名，奥杜邦更大的贡献在于他对鸟类的生动描述。例如，弗雷德里克·居维叶曾说道："奥杜邦先生不是（专注于分类的）博物学家，他是灵巧的画家和聪明的观察者。也许正是因为他对研究自然（如分类）十分陌生，才使他创作出如此新颖的博物学作品。"因此，奥杜邦最终在欧洲获得了极高的评价，并得到了诸多荣誉。例如，在法国科学院的报告中，乔治·居维叶曾高度评价其著作：它（指《美国鸟类》）是"鸟类学上最宏伟的丰碑，如果奥杜邦能完成这部伟大的著作，这会使我们益发感到美国的科学进步将凌驾于旧大陆之上”。他也因其鸟类著作成为爱丁堡皇家学会、鸟类学会、林奈学会和英国皇家学会等学会的会员。那么，奥杜邦为何会获得如此多的荣誉和如此高的评价？肯定不仅仅是因为其鸟类研究成果。为回答这个问题，需要回到 18、19 世纪的博物学文化中去考察奥杜邦的博物学活动及其影响。

二、探索异域：奥杜邦在美国的鸟类考察活动

自哥伦布发现新大陆以后，美洲大陆便因其丰富的自然资源吸引着欧洲人前往该地。而文艺复兴之后，欧洲的博物学也得到长足发展。它是完全不同于数学、物理的科学。只要接受过良好的教育，任何人都可以参与其中，并获得乐趣。因此，博物学在欧洲逐渐发展成为一种时尚的消遣，博物学活动也成为一种社交方式，从事该活动是绅士的标志之一。随着海外殖民和全球贸易的开展，许多人前往欧洲以外的地方开展博物学活动。一些人为了获得金钱和荣誉，服务于政府、研究机构或公司，前往世界各地收集自然之物。一些人则热衷于旅行、探险，并在途中发现新奇之物。作为博物学的重要分支之一，鸟类研究也顺理成章地受到欧洲人的青睐。因此，在这种文化氛围中出生、成长的奥杜邦，也不可避免地热衷于博物学活动。因此，在美国的考察活动不仅是奥杜邦的绅士爱好，也是他探索博物学知识的重要手段，更是他推销自己，塑造对知识权威性的主要依据。

1. 法国爱鸟者奥杜邦：立志撰写美国鸟类著作

1785年4月26日，奥杜邦出生于圣多明各的奥克斯·卡宴斯。[1] 其父为法国海军军官杰·奥杜邦，其母为珍妮·拉宾。尽管其母的身份存有争议，但可以确定的是，她在奥杜邦出世6个月后就去世了。奥杜邦的父亲善于结交权贵，组建了一支船队，在法国的多处殖民地都拥有资产，家境比较殷实。因此，1788年回到法国后，奥杜邦可以享受比较舒适的生活，并接受较好的教育：数学、绘画、地理、剑术、舞蹈和音乐等。奥杜邦的养母也十分疼爱他，支持他和同伴去林间玩乐，并带回鸟卵、鸟巢等自然之物。奥杜邦的父亲尽管对他的学业不太满意，但也很欣赏他的收藏并夸赞他的品位，还指导他观察鸟类。奥杜邦自己也曾回忆道：他对鸟类的热爱可以追溯到孩提时代，他“觉得我和它们十分亲近……我几乎疯狂地喜爱它们，而这种疯狂伴随了我一生”。由此可知，奥杜邦从小就对博物学充满兴趣，尤其热衷于探索鸟类。在法国南特生活的那段时间，奥杜邦也学习绘画和观察自然，并完成了200多幅法国鸟类的草图。

1803年，为躲避拿破仑的征兵，奥杜邦前往美国的密尔格洛夫管理其父的庄园。比起欧洲的鸟类，美洲的鸟类种类更丰富，色彩更绚丽，也拥有更多的猛禽。因此，美洲鸟类深受欧洲中上层阶级和学者的喜爱，很多前往美洲的欧洲人都热衷于收集、记录和描绘美洲鸟类。在奥杜邦之前，丹尼斯、巴特拉姆和卡特斯比等人都从

1 此地又名里斯·卡宴斯，现称为海地。

事过相关的考察和研究。不过，对欧洲人而言，广阔的美国仍有许多未探索的地区和大量未知的鸟类，是一个博物学家可以有所作为的地方。受这些因素的影响，奥杜邦在前往美国的途中就产生了要创作关于美国鸟类的伟大著作的理想。

由于奥杜邦并没有接受过专业的博物学考察训练，在抵达美国之初，他的考察方式和那些前辈相似：要么在生活的闲暇时光里狩猎，观察并绘制鸟类；要么外出旅行探险，前往偏远地区寻找新奇的鸟类。1804 年，奥杜邦首次在美洲大陆上对灰胸长尾霸鹟（Eastern Phoebes）进行环志实验，并通过仔细观察发现其迁徙行为。他也越来越熟悉动物标本剥制技术，并创造了新的鸟类标本制作方法。他还开始建立自己的自然博物馆，在屋内放满了标本，墙壁上也挂满了掏空的鸟卵和绘好的鸟画。1805 年，奥杜邦返回法国，遇到了博物学家多比内，并从他那儿学习了标本剥制技术和一些科学研究方法。1806 年，为求娶露西·贝克威尔，奥杜邦前往纽约进行投资。在纽约期间，他游历各地，收集了大量鸟类和其他自然珍品，并在纽约的寓所中剥制了许多鸟类标本。后来，由于投资失败，奥杜邦返回密尔格洛夫，开始计划西部之行。在当时的欧洲人看来，美国的西部仍是蛮荒之地，有大量的印第安土著生活在那里，也有大量未发现的鸟类。

2. 爱好者奥杜邦：寻找鸟类的早期探险

1807 年，奥杜邦和生意伙伴罗齐尔前往肯塔基的路易斯维尔。在此期间，奥杜邦把大部分时间用于狩猎、采集和绘画，生意则交由罗齐尔负责。1810 年，亚历山大·威尔逊劝说奥杜邦订阅其著作

《美国鸟类学》，并一起狩猎、交流鸟类研究情况。同年 12 月，奥杜邦和罗齐尔前往密西西比的圣杰纳维夫考察。途中，他曾参与印第安人的狩猎，并学习印第安人的狩猎和剥制技巧，也十分享受这段时光。1811 年，奥杜邦返回亨德森，随后曾一度获得经济上的成功。不过，受限于整个大环境的恶劣情况，在 1818 年奥杜邦的父亲去世之后，他的经济情况变得非常糟糕。1819 年，奥杜邦在路易斯维尔因债入狱，最终不得不宣布破产。此后，奥杜邦只好以教授绘画和绘制肖像为生，但一有机会他就到野外采集标本并绘制鸟画。

尽管面临生计问题，奥杜邦却开始将生活的重心转移到鸟类考察和研究上。其妻露西深信他能完成伟大的作品并获得成功，对他的探险考察活动也大力支持。1820 年，奥杜邦在辛辛那提的博物馆暂时担任标本剥制师。同年，他首次公开展示其绘制的鸟类绘画，并开始按照鸟类的真实大小绘制美国鸟类图集。随后，他和梅森一起沿俄亥俄河和密西西比河考察，最终抵达新奥尔良。1821 年，奥杜邦在新奥尔良附近的欧克利庄园教授绘画，并进一步提升绘制鸟类的技巧：水彩画、铅笔画和水粉画。次年，奥杜邦和梅森从新奥尔良出发考察，经沙拉河口、肯塔基、纳齐兹等地抵达路易斯维尔。在此期间，他还在斯汀的指导下学习油画技巧。

1824 年，奥杜邦抵达费城寻求出版支持。在此，他为新泽西钞票绘制鸟画，这也是他首个公开出版的作品。尽管他的作品获得了许多人的赞扬，奥杜邦却因为奥德等人的反对，未能在此获得出版支持。他只好继续探险考察，经奥尔巴尼、华盛顿、波士顿等地抵达尼亚加拉大瀑布附近。随后，他再乘船去伊利湖，经米德维尔抵达匹兹堡。最后，他沿俄亥俄河南下，抵达辛辛那提，拜访路易斯维尔的故居后抵达沙拉河口。在此，他和妻子露西团聚，开始筹集前往英格兰出版鸟类学巨著的费用。1826年5月，奥杜邦离开美国，前往欧洲。他先后在利物浦、曼彻斯特、马特洛克、贝克韦尔、爱丁堡、伦敦、巴黎等地开设画展。同时，他还拜访当地的学者、画家、富豪和贵族，商议出版事宜并寻求订阅者。最终，奥杜邦的著作在欧洲引起了巨大轰动，并获得了诸多荣誉。

3. 探险者奥杜邦：为出版著作进行专业考察

在英格兰获得了成功后，为发现更多的鸟类，也为了给作品提供更丰富的材料，奥杜邦多次往返英格兰和美国。在这一阶段的考察活动中，他要么参考政府组织的探险活动，要么自己组织队伍探险，并携带助手为其采集标本、鸟卵和鸟巢等，他因而可以将重心放在鸟类记录和绘画上。

1829年，奥杜邦从纽约出发，先后在新泽西的大卵港和宾夕法尼亚的大松林进行考察绘画。回到费城后，奥杜邦继续以猎鸟、画鸟和制作标本为乐。雷曼则担任其助手，为他绘制鸟画中的植物和背景。这一时期，奥杜邦的作品在美国也获得了重视。《美国科学与人文杂志》称“《美国鸟类》的前49幅版画是一份无与伦比的伟大作品”。1830年，奥杜邦曾受邀前往白宫和杰克逊总统共餐。随后，奥杜邦携妻前往英格兰，并筹划出版了《鸟类学纪事》的第1卷。

1831年，奥杜邦返回纽约。在雷曼和标本剥制师沃德的陪同下，他参加了前往南部的采集之旅。奥杜邦从纽约出发，前往佛罗里达进行狩猎、绘画和写作。在此期间，他乘坐联邦的船只分别在圣奥古斯丁、圣约翰河上游林区、砂岛和基维斯特等地考察，然后返回费城。1832 年，奥杜邦经纽约和波士顿，前往加拿大新不伦瑞克省和与之接壤的美国缅因州，考察芬迪湾后返回波士顿。在此，他绘制了著名的画作《金雕》。1833 年，奥杜邦携带 5 位助手，雇船从伊斯特波特出发，经缅因州抵达拉布拉多，分别在海豹泥岛、杰西卡岛、英托里湾、圣约翰湾等地考察，再经皮克图、哈利法克斯、新斯科舍等地返回纽约。随后，奥杜邦前往查尔斯顿，与朋友巴赫曼在那里度过了愉快的冬天。1834 年，奥杜邦携妻、子离开纽约前往利物浦。在此期间，他继续寻求订阅者，并写作《鸟类学纪事》第 2 卷和第 3 卷。

1836 年，奥杜邦返回美国。在抵达费城后，他参观了纳托尔和汤森德在美国西部的落基山及其附近获得的珍奇鸟类。随后，他经波士顿、塞勒姆抵达华盛顿，并获得了参加墨西哥湾探险的机会。然后，奥杜邦再次前往查尔斯顿，在此狩猎和绘画。1837 年，奥杜邦携助手哈里斯前往佛罗里达的彭萨科拉、德克萨斯的加尔维斯顿湾、路易斯安那的巴拉塔里亚湾和休斯顿以及新奥尔良等地考察，最终返回查尔斯顿并再次前往利物浦。在此期间，他完成了《美国鸟类》的最后 100 幅画、《鸟类学纪事》的第 4 卷和第 5 卷以及《〈美国鸟类〉总览》。

1839 年冬，奥杜邦携眷返回纽约定居。随后，奥杜邦开始筹划出版《美国鸟类》的八开本版以及《北美胎生四足动物》一书。1842 年，奥杜邦举家迁至明妮之家。同年 9 月，奥杜邦前往新英格和加拿大等地寻求订阅者，随后发表了一份《北美胎生四足动物》

的简要说明。12 月，为发现更多的标本，奥杜邦开始准备到西部大草原探险。1943 年，奥杜邦携助手哈里斯、植物艺术家斯普雷格、标本剥制师贝尔和斯夸尔斯前往圣路易斯考察。他们经过密苏里河上游地区，深入印第安人的领地，最终抵达黄石河入口联合港，并在此进行狩猎和绘画。这一路上，奥杜邦深入荒野考察，却渐感体力不支，于当年返回明妮之家，安享晚年。

由上文可知，无论是早期探险还是专业收集，奥杜邦在美期间从未停止其鸟类考察活动。这些探索经历为其著作提供了创作素材和灵感，是完成其著作的基础。奥杜邦这种深入荒野、持续探索的精神也深受欧洲人赞赏。德·埃斯林亲王就曾对他感叹道："多次听闻有一位山林中人，许多画都出自他的手笔，原来就是你。"总体而言，比起他的前辈，奥杜邦考察的地域更广阔，因而能够把更多的美国鸟类呈现在世人面前。这些来自异域的鸟类信息和深入荒野的探险精神使奥杜邦为他人津津乐道，也使他成为传奇人物。当然，奥杜邦获得如此巨大声誉的原因不止于此，更因为其作品贴近公众，激发了大量公众对鸟类的热爱。

三、公众领域对奥杜邦的响应

1. 艺术家奥杜邦：兼具科学性和艺术性

奥杜邦的著作为许多学者提供了详细的数据，也获得了很多赞誉。例如，波拿巴在其书中写道："古尔德先生和奥杜邦先生关注这两个地区的鸟类学，他们的伟大作品被认为是这个主题的标准作品，因而在整个名录中我引用他们的图画作为研究物种的典型。"

达尔文也在《物种起源》中引用了奥杜邦对军舰鸟习性的描述，以及他对鹭食用种子的描述。此外，《美国鸟类》中也有两种鸟类以奥杜邦为名，分别是第 395 幅版画的奥杜邦林莺（Sylvia auduboni）和第 417 幅版画的奥杜邦啄木鸟（Picus auduboni）。

除去学界的认可和引用，奥杜邦对鸟类研究和鸟类文化的贡献更多在于他对公众的影响。《美国鸟类》是奥杜邦的成名作。该书采用了独特的绘画风格，不仅可以提供丰富的鸟类信息，还可以提供绘制更漂亮的鸟类绘画。奥杜邦将每一种鸟类与其生境中的特色草木一起绘制，以展示其栖息地和摄食习性等。例如，第 143 幅版画的金冠鸫（Golden-crowned Thrush，Turdus aurocapillus）就和欧白英（Woody Nightshade，Solanum dulcamara）绘制在一起。同时，奥杜邦的鸟类绘画还很注重鸟类的真实形态，比那些按照标本绘制的僵硬鸟画（如布里松的著作）更具美感。总而言之，它们不仅色彩更丰富，姿态、形状、大小更准确也更富有生机。这种绘画方式深受公众喜爱，因而《美国鸟类》得到了王室、贵族和富豪的青睐，拥有包括国王在内的订阅者。如今，该书更是一再出版，销量甚佳。

此外，针对公众认识和鉴别鸟类容易产生的疑惑，奥杜邦也完成了十分细致的绘画。例如，针对两性异形的问题，他在一些画中同时绘制了雌鸟和雄鸟，如第 187 幅版画的宽尾拟八哥（Boattailed Grackle）。针对那些外部特征比较相似的鸟类，奥杜邦则把它们绘在一起，并明确画出区分的特征，如第 353 幅版画的栗背山雀（Chesnut-backed Titmouse）、黑头山雀（Black-capt Titmouse）和栗顶山雀（Chesnut-crowned Titmouse）。他还绘制了成鸟和幼鸟，在区分成鸟、幼鸟的同时展示鸟巢以及鸟类的喂食育幼行为。为避免读者产生疑惑，奥杜邦十分重视其表述的科学性和准确性。在每一幅画中，奥杜邦都给出了翔实、严谨的信息：绘者（奥杜邦），鸟类的英文俗名、学名和命名者，鸟类的性别，以及雕刻师和上色工等人的名字。在《鸟类学纪事》中，他也给出了英文俗名、学名和命名者，鸟类的性别，以及长达数页的细致描述。这些关注鸟类分布、行为和生活志的内容，尽管被当时热衷于利用标本分类的鸟类学家所忽视，但在布丰看来，它们是探索自然分类体系所必需的内容。自然作家巴勒斯也在《醒来的森林》中多次引用奥杜邦的描述，并称赞“奥杜邦的著作是迄今最详尽、最精确的著作……他对承担的工作所投入的热情与献身精神，在科学史中鲜有人可以匹敌”。

总而言之，奥杜邦的《美国鸟类》和《鸟类学纪事》不仅获得了学者的认可，更充分考虑了公众的需求，因而受到广大鸟类爱好者的喜爱。这些精致的绘画和优美的文字不仅为他们提供了丰富的信息，促进了鸟类知识的传播，还激发了更多人对鸟类的热爱。例如，年轻的鸟类爱好者（也是后来的鸟类学家）布鲁斯特、迪恩和亨肖就十分推崇奥杜邦。他们创建了美国第一个鸟类学会——纳托尔鸟类俱乐部，并经常在聚会上讨论奥杜邦的《美国鸟类》。

2. 鸟类保护者奥杜邦：成为鸟类保护的代名词

奥杜邦对美国鸟类保护运动也产生了重要影响。热衷于田野的博物学家往往是对环境最为敏感的一群人，因而关注鸟类的奥杜邦也是最早察觉到美国鸟类数量锐减的人之一。奥杜邦热爱鸟类，不仅热爱鸟类背后所代表的知识，也热爱鸟类这个生命本身。因此，他曾在日记中多次提到对采卵者的厌恶，并敲响了关注鸟类屠杀和栖息地破坏的警钟。虽然奥杜邦并没有从事真正意义上的鸟类保护活动，但他敏锐的观察和细腻的情感影响了大量的读者，让他们不仅认识鸟类，也切身感受鸟类的生命力。同时，他的名誉和声望也拥有极大的号召力。因此，在他去世 30 年后，他的名字"奥杜邦"非常恰当地延续了他的思想，开始聚集力量并开启了保护行动。

19 世纪下半叶，越来越多的人产生了与奥杜邦同样的担忧。因此，1886 年，奥杜邦妻子露西的学生格林内尔组建了第一个奥杜邦协会，并向奥杜邦致敬。这个协会明确提出"保护鸟类"的口号（期刊封底上写着 Audubon Society for the Protection of Birds），并反对大规模的鸟类屠杀和羽毛贸易。随后，各地纷纷建立奥杜邦分会。1887 年 2 月，该协会发行了第一期刊物《奥杜邦杂志》。这份杂志不仅以奥杜邦为名，也选用了奥杜邦的肖像作为封面。在内容上，格林内尔也充分利用了奥杜邦的影响力和知名度，以获得读者的认可并调动他们的情绪。于是，第一次奥杜邦运动在全国范围内得到了关注。科学家、标本收集者、狩猎者[1]纷纷支持保护鸟类，反对羽毛贸易。可是，随着保护运动的推进，科学家的收集行为也遭

---

1 狩猎者是指那些不专门以猎杀、售卖动物为生的人。对他们而言，狩猎当然可以提供食物，但更重要的是，狩猎是一种娱乐方式，或者说是获得标本的手段。反过来，以猎杀动物来获取经济收入的人则称为猎人，也就是这场运动所反对的对象之一。

到质疑，鸟类学家、标本制作者和保护者的关系变得紧张。最终，由于担心鸟类保护会影响科学家科研的权利，三者之间的张力导致第一次奥杜邦运动衰落。随之，《奥杜邦杂志》停刊，协会也因面临诸多社会、经济问题而被迫解散。1896年，在达彻的支持下，海明威再次组建马萨诸塞州奥杜邦协会，其他各州也纷纷效仿并推动了第二次奥杜邦运动的开展。1905年，达彻组建了国家层面的奥杜邦协会联合会，也就是现在的美国奥杜邦协会。它开展了一系列的鸟类保护和鸟类调查活动，试图通过立法和自然教育改变公众对鸟类的认识。

因为奥杜邦协会和奥杜邦运动，如今“奥杜邦”一词已经成为鸟类保护的代名词。在奥杜邦协会的影响下，美国有很多地方都以奥杜邦为名，比如奥杜邦学校、奥杜邦公园、奥杜邦动物园、奥杜邦鸟类保护区、奥杜邦自然学院和奥杜邦博物馆等。它们不仅使奥杜邦这个名字家喻户晓，更使奥杜邦热爱自然的形象深入人心。除此之外，各界都以自己的方式纪念这位伟大的博物学家。1942年，为致敬奥杜邦，奥杜邦艺术家协会成立。1969年，沃伦特意为奥杜邦写诗《奥杜邦：一种意象》。1985年，为纪念奥杜邦诞辰200周年，很多国家都发行了以其鸟类绘画为主题的纪念邮票。2011年4月26日，为庆祝奥杜邦诞辰226周年，谷歌在其全球主页上设置了以其绘画为主题的涂鸦。现在，仅存的119本《美国鸟类》原版书大多保存在各个博物馆，并定期向公众开放展示。

四、结语

回顾博物学家奥杜邦充满传奇的一生，我们可以发现：他是一位探险者、狩猎人、艺术家，也是一位鸟类研究者、观察者和保护者。他在逆境中战胜困难，前往美国荒野探险，敏锐地观察鸟类和自然。他拥有高超的绘画技巧，创作了无与伦比的鸟类绘画作品。他热衷于狩猎，却又对保护有着深切的欣赏和关心。他的形象如此多样，尤其是探索者、艺术家和鸟类保护者的形象，使其获得了不同于许多鸟类学家的声誉。这是 18、19 世纪博物学盛行时期所特有的现象，它使奥杜邦有机会成为美国鸟类研究的先驱，并被广大公众热爱。奥杜邦的成功在很大程度上反映了博物学鼎盛时期人们对自然知识的追捧，尤其是欧洲学者和中上层阶级对异域知识的热爱。与此同时，奥杜邦不仅为其他学者提供了研究美国鸟类的丰富信息，也通过鸟类研究为自己获得了话语权、经济独立和社会地位。更重要的是，他用自己独特的方式影响了鸟类研究在公众心目中的形象，促进了美国鸟类文化的发展。

（作者：刘　星）

康拉德·洛伦茨

与鸟兽虫鱼的亲密对话

康拉德·洛伦茨

（Konrad Lorenz，1903—1989）

1973年的诺贝尔生理学或医学奖授予了康拉德·洛伦茨、尼可拉斯·廷伯根和卡尔·冯·弗里施，以表彰他们对“行为学尤其是对建立一个统一的动物和人类行为的进化理论的贡献”。这一次的颁奖意义非同寻常，因为比较行为研究本身就是一个有争议的领域，尤其当该领域延伸到人类自身时。但正因为如此，将视线集中于获奖者的成长轨迹来回溯行为学理论的创立，就更是一件值得做的事情。本文的主人公是洛伦茨，之所以选中他，是因为对于行为学理论的创立来说，他的贡献更为突出。他被称为“雁鹅之父”（又译作“灰雁之父”）。据奥地利的一份画报周刊的民意调查，他被看成是奥地利的“真正的”科学家，其名望排在了薛定谔、维特根斯坦和弗洛伊德的前面。要知道，后几位都是在全世界有影响的奥地利学者。推崇他的人把他与达尔文相提并论，有一篇文章甚至称赞他为“20世纪最伟大的人文主义者之一”。在环境保护方面，他以一个生态社会的批评者闻名，他不但强烈反对在茨温腾多夫建立核电站，也过深地卷入了在多瑙河畔建立最后一块河谷草地风景区的活动。由于他的不懈的努力，他成了“奥地利的良心”。

与任何伟人一样，他具有多面性。他在纳粹德国时期的许多做法颇遭非议。他自己的说法与后来找到的档案材料并不完全相符。他的学说产生了很大影响，但其书写得并不是高深莫测，相反，却非常好读，他知道如何让读者对他的叙述感兴趣。这个被捧到天上或摔在地上的人究竟是如何成长的?

一、成长的足迹

1903 年 11 月 7 日，康拉德·洛伦茨出生于奥地利首都维也纳附近的阿尔滕伯。这是一个美丽的地方，用洛伦茨的话来说，是“博物学家的乐园”。多瑙河从它的中央穿过，因为河水每年要泛滥一次，所以，这儿不但人烟稀少，且附近的土地也少有人耕作，这样一大片原始的生境，成了各种野生动物的天堂。也许洛伦茨从小表现出的对动物着迷般的爱，正是与这样的世外桃源式的环境分不开的。值得一提的是，他的父母对其对动物着迷般的爱表现出了极度的宽容。他常常会在放学回家的路上带一些不常见的小动物回家，有时它们把家搅得不成样子，但他的父母见状总是摇摇头、叹叹气就算了。正是在与鸟兽虫鱼的亲密对话中，洛伦茨学会了生活。

童年时的洛伦茨曾有过一个保姆，她叫蕾西，是一个农民的女儿，她极其善于照料动物。有一次，洛伦茨的父亲在散步回来时带回了一条有斑点的蝾螈，后来它产下了 44 个幼体，正是蕾西将其中的 12 条抚养至了变态阶段。洛伦茨说，正是这一奇迹决定了他未来的志向，那年他才 4 岁。不过还有一个因素也极富有传奇性。在听人读了《尼尔斯骑鹅旅行记》后，他渴望变成一只野生鹅，当意识到这一点无法实现后，他决意要拥有一只鹅，当明白这也无法实现后，他无奈地接受了拥有一只鸭子这一事实。从一个邻居那儿，洛伦茨得到了一只出生才一天的鸭子，使他大为惊奇的是，这只雏鸭竟从此跟定了他。这就是“铭印”——后来成为洛伦茨的一项重要研究内容，但此时的他却是被鸭子铭印了，因为自那以后，他的兴趣即被锁定在各类水禽身上，使他从小就成为观察水禽行为的行家里手。

十来岁时，洛伦茨读到了一本进化论方面的书，还看到了始祖鸟的图片，这为他一生的学术背景定下了基调：他始终是一个达尔文主义的坚定拥护者，他的学说中贯穿了进化论的思想。他甚至想成为一名古生物学家去发现进化的奥秘。

在学校里，洛伦茨有一个志同道合的朋友：伯恩哈德·赫耳曼。他们同是水生动物爱好者。洛伦茨说，当时赫耳曼有一个重要的发现。当时赫耳曼养了一些富有攻击性的太阳鱼，他发现，当一条雄鱼被隔离一段时间之后，就会杀死视野所及的任何同种个体，无论其性别如何。然而，当赫耳曼在水中放入一面镜子，致使该鱼与镜子中的鱼儿进行打架直至筋疲力尽之后，它立刻就乐于与一条雌鱼进行交配了。这就是说，某一种特定的行动潜能有一种释放机制，这一点给洛伦茨留下了深刻印象。

在完成中学教育后，洛伦茨依然迷恋于动物学和古生物学，然而，他的父亲却要他在医学院深造。1922 年，他来到纽约哥伦比亚大学修了两个学期的医学课程。此举的目的还在于父亲希望他就此中断与青梅竹马的恋人的关系，但这一目的却以失败而告终。因思念恋人，洛伦茨还是回到了欧洲。可以想象，如果洛伦茨在美国完成学业，也许他就无法成为行为学之父了。因为在美国盛行的行为主义理论与行为学是背道而驰的。前者强调后天环境的重要性，后者则注重先天因素的决定性作用。事实证明，洛伦茨的选择无论在事业和生活上都是极为明智的。他的妻子与他一样热爱动物，任凭家里成为各种动物自由出入的天堂而不加干涉。

医学院的课程使洛伦茨受益匪浅。教解剖学的老师费迪南德·霍赫施泰特尔是一个杰出的比较解剖学家和胚胎学家。洛伦茨正是从他那里领略到了比较方法的魅力。他迅速意识到，比较解剖学和比较胚胎学不仅比古生物学更有益于解决进化问题，而且正如比较的方法可用于解剖结构的研究一样，这一方法还可用于动物行为的研究。

1927 年 6 月，洛伦茨终于与相爱多年的恋人结婚，当时两人都是医学院的学生。次年，洛伦茨获医学博士学位，成为维也纳大学解剖研究所的助教。此外，他还在动物研究所研究动物学，且参加由维也纳大学心理学家卡尔·比勒牵头组织的心理学学术研讨会。正是在那些研讨会上，洛伦茨意识到自己的工作与心理学中的被广为接受的理论相抵触。他认为，这些心理学家全都不了解动物，他们中没有一个是这方面的专家。

1932 年，通过观察椋鸟，洛伦茨提出了行为可以自发产生的可能性。这是他涉足行为学领域的开端。同时他还产生了一种沉重的使命感，这就是要倡导一门统一的有关动物和人类行为的进化理论。

1933 年，洛伦茨以鸟类飞行为题，获得动物学博士学位。

1935 年，霍赫施泰特尔退休，洛伦茨不再担任解剖学助教。他开始与比勒合作。

还在担任解剖学系助教时，洛伦茨在他的家乡阿尔滕伯就养了不少鸟类动物。其中穴乌地位突出。就在他得到第一只穴乌时，他读到了奥斯卡·海因洛特的《中欧的鸟类》。他立刻意识到海因洛特是一个了解动物行为的专家，海因洛特具有某些心理学家所缺少的东西。海因洛特对于洛伦茨的影响难以估量，我们后文还要提到。

1936 年，在洛伦茨的学术生涯中起到重要作用的雁鹅“玛蒂娜”出场。关于它的故事，我们还要重点提及。正是在那段时间，洛伦茨与廷伯根合作，形成了行为的自发性这一概念（与巴甫洛夫的反射理论相反，即动作不必依赖外在刺激）。这也许可被看作行为学领域中一块重要的基石。

1938 年，纳粹占领奥地利。就像不少奥地利人那样，洛伦茨一开始同情这些入侵者（他甚至成为德意志国家社会主义工人党成员）。也许洛伦茨还存有一个私念，他希望新政府能允许他在阿尔滕伯建立一个威廉皇家研究所。

1940 年，洛伦茨成为柯尼斯堡大学心理学教授（这是康德曾担任过的教职）。这一职务使他有机会更多地接触康德哲学并且考虑有关进化认识论的问题。

1941 年，洛伦茨全家迁往柯尼斯堡。10 月，洛伦茨应征入伍。当时他是以精神病学家的身份服役。幸运的是，他又遇见了一个极好的老师韦格尔博士，韦格尔是当时少数几个严肃对待精神分析学的精神病学家之一。洛伦茨有机会掌握了大量有关神经机能症（如癔病）以及精神病（如精神分裂症）等的一手资料。当后来涉猎社会领域时，他就以这些知识作为背景来考察当今有点失控的人类文明。

1942 年春天，洛伦茨成为苏军的俘虏。他之后在苏联的医院中工作，后来又被派往亚美尼亚。在那儿，他开始写一本有关认识论方面的书。苏联当局允许他进行写作。一天，营地的负责人把洛伦茨叫到办公室，请求他以名誉作为担保，肯定手稿中确实仅有非政治的科学内容。当洛伦茨给予一个肯定的答复后，他被允许带走手稿以及已被他驯服的当地椋鸟。

1948 年 2 月 18 日，洛伦茨安全返回阿尔滕伯。但他立刻面临失业的境地。幸好有各方朋友相助，家里依然养得起动物，还有热心的年轻人加入这一新兴的研究行列，后来他们都成为出色的行为学家。正是在此期间，迫于生计，洛伦茨写作并出版了两本畅销书，今天它们依旧销路看好，这就是《所罗门王的指环》和《狗的家系》(均有中译本)。

1948 年秋天，洛伦茨拜访了剑桥的索普教授，索普已经证明在寄生黄蜂中也存在铭印现象，所以，他对洛伦茨的工作极感兴趣。他认为，洛伦茨在奥地利不可能得到职务，他希望洛伦茨能够考虑在英格兰担任教职。洛伦茨拒绝了，因为他宁可留在奥地利。然而，现实却使洛伦茨失望。事情是这样的：弗里施因为要回慕尼黑，他在奥地利的位置就空了出来，他提议由洛伦茨接任他的职务，系里的同仁毫无异议地同意了。然而，奥地利教育部却否决了这项提议，洛伦茨不得不与英国方面联系。这时，德国的马普学会(马克斯·普朗克学会的简称，前身为威廉皇家学会)向洛伦茨提供了一个研究职位，隶属于霍尔斯特所在的系。这是一个艰难的抉择，但最终洛伦茨选择了后者。这是因为他可以带上他的研究助手。不久之后，洛伦茨所在的单位与霍尔斯特所在的系合并，新建一个“马克斯·普朗克行为生理学研究所”。1949 年，霍尔斯特召集了第一届国际行为学会议。

洛伦茨的研究事业步入正轨。他开始关注攻击行为的生存功能以及伴随而来的危险效应。鱼类中的攻击行为以及野生鹅类中的联盟现象很快就成为洛伦茨研究的主要课题。当从一个新的角度来考察这些现象时，洛伦茨意识到更详尽的知识是多么必需，所以，他感到自己的动物观察应当揭示新的有趣的事实。

1954 年，关于“本能”的会议在巴黎召开。会上，洛伦茨遇见了他在科学上的对手——美国心理学家丹尼尔·莱尔曼。两人就认识论上的先天与后天问题发生了激烈的争论。正如廷伯根所描绘的，行为学家就像被惊动的蜂箱那样发出了嗡嗡声。洛伦茨当然强烈地站在先天认识观上。但若干年后，洛伦茨才意识到他犯的错误其实与莱尔曼一样，就是将先天与后天看作两个分离的、不相容的概念。当然，洛伦茨后来才明白，学习会产生适应性行为的原因主要就在于“先天图式”的存在，换言之，就在于被系统发育所规定的学习机制。莱尔曼后来也意识到了这一点，他们成为朋友。不过，正是有赖于当时的这场学术争论，才使行为学理论硕果累累。

在生命的后期，洛伦茨开始关注人类行为和人类文化。有可能所受的医学训练使他比别人更为清醒地意识到正在威胁文明的危险。洛伦茨认为，对于一个科学家来说，不去涉猎他不熟悉的领域也许是一种明智的策略，但对于一个医生来说，无论何时，只要他发现有危险就应该发出警告，这正是他的责任所在，即使他仅仅只是猜测这些险情有可能存在。他开始关注这样的话题，比如，在自然环境中人类退化的危险以及在商业和经济竞争中的恶性循环所带来的破坏。如果把文化看作一个活的生命体，那么，它的失调就是一种疾病。根据这样的思路，洛伦茨得出这一结论：人类未来生存所面临的主要威胁也许可被看作大众神经机能症。这主要体现在人类在道德和伦理问题上所面临的困境。1973 年，洛伦茨写作了《文明人类的八大罪孽》一书（有中译本），书中主要讨论了这一问题。

1973 年，洛伦茨退休回到奥地利。他在阿尔滕伯有一个研究基地，由德国马普学会赞助。他养育了一百来只雁鹅，继续他的行为学研究。他一生最后的一部著作《雁语者》，就是有关这些雁鹅的故事，于 1988 年出版。此书也被翻译成了中文。

同年 10 月，他与廷伯根和弗里施共享当年诺贝尔生理学或医学奖。

1986 年 1 月，他的妻子逝世。她是他一生忠实的伴侣和工作助手。当洛伦茨于 40 年代处于失业境地时，正是她担负起养家糊口的责任。三年后，1989 年 2 月 27 日，86 岁高龄的洛伦茨于家中逝世。

二、从发现“铭印”说起

洛伦茨涉及行为学领域可以说是从对“铭印”现象的关注开始的。

1936 年，洛伦茨得到了 20 枚雁鹅蛋。他将其中的 10 枚让家鹅来孵育，另 10 枚放在乌龟身下。当第一只小雁鹅孵出来后，他情不自禁地将它从养母身下拿出来，就近好好地端详了一番。就在这时，新生的雏鹅忽然凝视着他，发出了单音节的叫声。洛伦茨听懂了，这种叫声代表“哭泣”，于是，他立刻发出“安慰”声来回应它。小鹅也听懂了，紧接着发出一阵多音节的叫声，这代表“快乐”。就在这一问一答之间，洛伦茨过足了瘾，他转身准备离去。可是，小鹅却不答应了，还没等洛伦茨走出几步，它立刻“大哭”，并且从母鹅腹部坚决地爬出来，蹒跚地追着洛伦茨而来。当时的洛伦茨还不明白鹅类的铭印过程一旦完成，就再也无法改变这一事实。于是，他抓起小鹅，依旧将它塞回家鹅的身下，但是，它立刻又追着爬出来。它虽然跑得跌跌撞撞，头重脚轻，但却在明白无误地传达一个信息：它已将洛伦茨这个大男人，而非那只家鹅，视为母亲了。这就是说，鹅类是将出生后第一个回应它的对象视作母亲的。

铭印是动物发育中的一个特定过程，经由这个过程，行为会被依附在某个特定对象上。与动物发育过程中的其他行为相比，铭印具有特殊性。首先，铭印没有再加强的必要，这就是说，只要特定对象呈现于个体面前，引起的刺激使双方足以发生联系即可；其次，铭印是不可逆的，或者至少是强烈抗拒逆转程序；最后，铭印只可能在动物发育过程中一段特定时间内完成，这段时间通常只有几小时。

显然，在野生的环境下，幼雏铭印的对象总是与它朝夕相处的母亲，只有母亲才会回应雏鸟的呼唤，而且铭印的过程必须在母与子的声讯交往中才能完成。所以，通常情况下，这一本能是足够精确不会出错的。但是，当人有意识地扮演了母亲的角色之后，本能的刻板僵硬性就暴露无遗了。这就提示我们，本能是一种先天铸就的行为，它与后天灵活的学习机制大相径庭。

铭印现象的发现是洛伦茨对动物行为学的一个重大贡献。铭印是一种本能，那么，类似于本能这样的行为是自发产生的还是受刺激诱导的结果呢？这是洛伦茨工作的又一个重要内容。最初，由于受巴甫洛夫条件反射理论的影响，洛伦茨相信本能活动是建立在一系列反射基础之上的，而反射又离不开外界的刺激作用。不过，对鸟类行为的观察也使他发现，在缺乏刺激的情况下，有时一个行为能自发地完成。比如，他曾在家里亲眼见到一只家养的燕八哥，在空旷的房间内，没有任何猎物存在的情况下，做出全套猎食、捕捉、杀戮以及吃食飞虫等行为模式。其实在日常生活中，我们也常能发现，当一只猫在玩弄一个线团时，其行为犹如在捕捉一只老鼠。然而，他仍不愿放弃反射论，因为他害怕强调行为的自发性就有可能陷入活力论的泥坑。

1937年2月，洛伦茨在柏林参加一次学术会议。在他作报告时，后排坐着一个年轻人，洛伦茨的妻子目睹了他的反应。当他讲到行为的自发性时，这位年轻人喃喃自语：就是这样，就是这样。但是发言末尾，当他讲到这种本能性的活动模式终究是一连串的反射时，这位年轻人用手蒙住脸，发出抱怨声：胡说八道，胡说八道。那位年轻人就是霍尔斯特。发言之后，仅用几分钟的时间，他就使洛伦茨放弃了反射理论。霍尔斯特对神经生理学的研究已经证实中枢神经系统会自发产生刺激，这就是内源刺激。在外界刺激不存在的情况下，这种内源性刺激积累到一定程度，就会引发出一个自发性的行为。在通常情况下，外界刺激与内源刺激的叠加才能诱导一个行为，这就意味着，当内源刺激已积累到一定程度时，一个小小的外界刺激就能诱导一个行为，用通常的话来说，就是行为的阈值降低了。洛伦茨以前觉得很费解的行为，现在却能得到顺理成章的解释。他与霍尔斯特的合作研究就此奠定基础。在50年后的诺贝尔颁奖式上，洛伦茨动情地说，如果霍尔斯特还活着，那么，他现在一定会坐在这里。

本能行为除自发性之外，还有一个是刻板性，这是由于它更多地受先天因素制约的结果。以雁鹅为例，它们能学会分辨成打（如果没上百的话）同类的长相，也能学会辨认同样多的植物以及它们尝起来的滋味，而且它们还能学会知道在薄冰上着陆是一件不可能的事。但是，它们却学不会新的动作技巧。例如，玛蒂娜就从来都学不会在下楼的时候把步伐加长一点点，因为在它们自然的生活环境中从来都没碰到这种需要走楼梯的情况。这就是说，鸟类所能学会的动作全都是在它们的遗传程序中已规定的那些招数，创新是谈不上的。

本能行为的第三个特征是简单性。也许一只动物会表现出各类复杂的技能，比如啄食、求偶、确定社会秩序等。但经过分析之后就可发现，复杂行为只不过是各种简单行为在中枢神经系统中的整合而已，组成复杂行为的基本要素为饥饿、性欲、逃跑和攻击。洛伦茨曾在太阳鱼中看到这一情况：由于处于逃跑和攻击这两种本能的控制之下，它的头部指向敌手，但是一边用尾鳍前进的同时，一边却划动胸鳍向后退。显然，这是一种失败的整合，一般情况下不会发生这种情况，所以动物才能做出各种自如的举动。还有一个例子就是两性之间的关系：当两种不同性别的个体相遇时，雌性常常表现出性欲与逃跑的混合。所以，在我们看来，雌性是羞怯的、被动的；雄性则是性欲与攻击的混合，故而雄性常常表现出进攻性、主动性。只有当分别具有逃跑与攻击倾向的两个个体结合在一起时，交配才能获得成功。这就是异性相吸的道理。

洛伦茨对动物行为的大致看法就是如此。他认为，由于行为的先天性、自发性、刻板性，表明它们是高度可遗传的，并且具有物种的特异性。因此，行为的这些特征就如同形态特征一样，甚至可用来作为分类学的依据。这一提法在今天似乎已不足为奇，但在 20 世纪的 30 年代却不乏革命性。因为行为向来被认为具有可塑性、灵活性，在某种意义上，它甚至是动物意志的结果，对它的研究就缺乏客观性。现在，如果将行为看作类似于解剖特征那样固定的东西，当然就值得对它作客观的研究。这正是动物行为学的基本前提。

三、攻击的秘密

在上述组成复杂行为的四大基本要素中，洛伦茨着重研究的是攻击行为，并于 1963 年写下《攻击的秘密》一书（有中译本）。

研究从对鱼类的观察开始。洛伦茨发现，攻击行为的第一个特点是只针对同种个体。若把同种类的几条鱼放在一个水槽内，顷刻间，只剩下最强的一条还活着。洛伦茨还对这一现象难以忘怀：经过一场生死决斗之后，剩下 7 条鱼，其中每种各一条，每条鱼都色彩鲜艳且游姿迥异，但却能和平共处。若是在大海里，情况将会如何？同种个体尽管仍然相斥，但却不必导致你死我活的结局。这是因为败者可逃离胜者的领域，而且胜者也不会将战斗进行到底。但在水族馆中，胜者常常打死败者，因为它会认定整个水槽都是它的领域范围，败者也就无处可逃。

为什么本是同根生却相煎如此急？这是因为同种个体所要求的生存条件相近，于是，它们之间就会有激烈的竞争。在某一生境内，如果同种个体的密度过高的话，就会造成食物来源的紧张，它们就要通过竞争来划分势力范围。比如，我们可以从鸟鸣声中听出，一只公鸟正在一个选定的地方上宣布它的领地所有权；而一条色彩艳丽的鱼驱逐同类鱼的举动同样表明：它不愿轻易放弃自己的领地。鱼类中的攻击行为常常只见于色彩鲜艳的种类身上，比如珊瑚鱼，就是因为色彩艳丽的鱼在相当远的距离就能相互辨认，从而激起狂暴的攻击行为。对于大多数哺乳动物来说，它们是用气味来表示领地所有权。所以，哺乳动物的嗅觉格外发达，最为人熟知的例子就是警犬。

一个与领地有关的现象是，离领地中心愈近，攻击力愈强，两者呈几何级数关系。相反，当败者逃离至自己领地附近时，它的勇气就会陡增，而追逐者就会气馁。这一过程反复进行，直至双方达到某一均势，于是，在那里互相威胁而不战。由此洛伦茨得出结论：“同类相争最重要的作用是为了在一可居住地内能公平地分配到居住的地方。”

此外，还有一个作用当然与性选择有关。比如，美洲野牛、羚羊、马等一般不会有领土纠纷，因为有足够的食物可供给所有的动物，但雄性个体之间依然打仗，这显然与争夺配偶有关。例如，牡鹿的角就是为了种内争斗才有的，因为在抵御外侮时它们从来不用角而只用前蹄。

这种同类攻击行为在我们的生活中比比皆是：从鸡在谷仓旁的空地上的打架到狗的互咬，从男孩子的互相斗殴、年轻人的互相丢掷啤酒瓶到宫廷内的政治争执，一直到战争和原子弹。同类竞争导致的恶果在人类生活中也屡见不鲜。由于社会中的竞争日益激烈，所以，人们普遍受高血压、胃溃疡和神经机能病折磨，这显然与紧张焦虑的心态有关。

既然同类争斗还会带来恶果，所以，在动物体内就演化出了相应的抑制机制。以正在孵育的母鸡为例，为了保护它的子女，母鸡必须攻击所有接近巢的生物。这时，它的攻击欲望达到了最高位，但与此同时，它绝对不能将这种攻击倾向施与自己的子女。那么，母鸡的这种攻击性是如何被有针对性地抑制的呢？答案就是小鸡的叽喳声。实验证实，聋的母火鸡照常孵卵，但当小鸡孵出后，它却会啄死它们。反过来，如果小鸡不发出叫唤声，它的母亲就会毫不犹豫地啄死它。与此相对照的是，如果一只发出叽喳声的臭鼠爬到母鸡的翅膀下时，母鸡却会回应它、呵护它。

由此可见，母鸡的攻击本能是主导性的，只有小鸡的叫声才能压抑这种本能。但有时哪怕是轻微的骚扰就会使得这种抑制机制失败。比如，当一架飞机低空飞过一个银狐农场时，竟使得所有的母狐吃掉了自己的子女。

洛伦茨认为，在动物界中还普遍存在着一种雄性针对雌性的攻击抑制倾向。由于性二态现象，通常雄性的体型要大于雌性，但在自然情况下，雄性从不欺负雌性。事情的另一面是，雌性往往对雄性保持顺从。比如，母狗会对它所选择的雄狗表现出顺从，类似它向主人所表现的态度，尽管雄狗从没咬过母狗或显示出任何优越的样子。更有趣的是，有时，当一只雄照莺鸟被雌鸟啄时，它会表现出雄性特有的温柔，它不温不火，绅士气十足。正是雄性的“骑士精神”抑制了它去攻击雌性。在洛伦茨的这一支生花妙笔描述之下，我们真不知是动物具有人性，还是人性本来就是动物性。

值得一提的是，洛伦茨由此推论，西方文明下的人类习惯，表现出和动物仪式同一形式的文化相似性。男性可以尊重女性，但真正的惧内却是变态行为。考虑到洛伦茨对动物的热爱，他的这种类比显然是一种赞美。问题是，世界各地的习俗并不完全与西方一样，对于这些非西方文明，我们该如何来评价呢？洛伦茨没有说。此外，在洛伦茨看来，顺从的女性更受人欢迎，动物世界就是如此。他的太太就是一例，尽管洛伦茨的家庭生活因为各类动物的随意出入而秩序大乱（洛伦茨在他的《所罗门王的指环》中对此有生动的描述），但他的太太毫无怨言。这就是洛伦茨心目中的理想女性。

洛伦茨提出，有两类动物具有可靠的抑制机制，一种是具有杀伤性手段的动物。德国有句谚语：一只乌鸦不会啄掉另一只乌鸦的眼睛。确实，乌鸦绝不会用它的利嘴去啄它的同类，一只养驯了的乌鸦也绝不会去啄它的主人。另一种就是大型群居肉食动物，如狼、狮等总是群居在一起，它们必须具有有效的抑制机制以防同类残杀。因此，一种奇异的现象是：最嗜杀的肉食动物，尤其是狼，却是动物世界中抑制力最为可靠的。与此相对照的是，不具有杀伤性武器的动物在某些情况下往往会表现出残酷的同类相残行为，如作为和平象征的鸽子，却在笼子中往死里啄它的同类。

对此，洛伦茨有一番高论。他认为，如果某种动物发展出了一种可以将同伴置于死地的武器，那么，为了物种的利益，它只得再发展出一种抑制能力，以防同类残杀。鸽子因为没有这样的利器，它也就没有相应的禁忌，况且在自然环境中，它们飞得很快，足以逃脱同伴的追击。所以，独来独往的动物也不需要这样的禁忌。从今天遗传学的理论来看，以物种作为单位的群选择已被生物学家拒绝。但如果从亲选择的观点来看，洛伦茨的说法仍有一定的说服力。因为朝夕相处的伙伴往往共享某些基因，根据自私的基因理论，它们当然不能轻易置对方于死地了。

然而，有一种生物，他的武器不是自身的器官，而是智力的产物，这种生物就是人。正因为人所拥有的武器不是经过漫长的选择进化而来，故相应的禁忌本能尚未来得及形成。同类相残行为在人类中司空见惯，这也许才是名副其实的“人性”。洛伦茨曾如此写道：“我们将来总会碰到作战的双方都有能力将对方歼灭殆尽的一天，也许有一天我们人类自己就会分成像这样敌对的两个集团。到时我们是学鸽子还是学狼呢？整个人类的命运可能就决定在这个问题的答案上。”在笔者看来，人类这种禁忌的形成恐怕源自宗教或良知的力量。

洛伦茨对攻击行为的分析还有一个独到之处，那就是他强调正是攻击行为造就了个体间牢不可破的联盟。他曾在鱼类中观察到这样一幕：两条早已配对的希屈里德鱼，当雄鱼以惯常的方式向雌鱼接近时，雌鱼却不表现出羞怯顺从，而是摆出迎战的姿态。雄鱼大怒，它的攻击冲动再也无法抑制，它就要冲向雌鱼，意外出现了，事实上，它的确发动了愤怒的一击，但不是对准雌鱼，而是旁边的一个同伴。洛伦茨被深深地震惊了。这就是说，第一个对象呈现的刺激既能诱导攻击反应，也能诱导出抑制攻击的反应。强烈的攻击冲动就这样寻找了另一个替代对象。

重要的是，从这一现象中，洛伦茨得出结论：最初是具有攻击性的行为，后来可以演变为求和，再进一步则演变为爱的仪式，于是，参与者之间就形成了牢固的联盟。他认为，人类的大笑有助于消除双方对峙的紧张状态，所以，也可看作是求和的姿态，继而还成为友谊的象征。

各种具有攻击性的动物都有自己的求和仪式，其中洛伦茨着重阐述的是雁鹅中存在的所谓“胜利仪式”。参加者因分享同一个胜利仪式而紧紧结合在一起。更耐人寻味的是，真正使一对鹅生活在一起的不是两者间的性关系，而是胜利仪式结合。而两只鹅，甚至是两只雄鹅，曾以胜利仪式结合了很长一段时间之后，它们就会尝试交配（但不是同性恋，因为它们还会与雌鹅进行交配和生儿育女）。反过来，当两只幼鹅有过交配关系，却不一定导致胜利仪式。

洛伦茨将此类比为人类的情爱与性爱关系。也许在他看来，单纯的性爱是不可靠的。

由于个体间牢固的联盟——爱——来自攻击倾向，所以，洛伦茨认为，爱的对象也就是攻击的对象，换言之，有恨才有爱，没有一种爱是没有攻击性的。众所周知，哺乳动物中最有攻击性的狼对朋友是最忠实的。恨要比爱和友谊早几百万年。在爬虫类中只有恨。洛伦茨的这一番分析，倒正应了一首流行歌曲所唱的：爱我的人伤我最深。难怪有人会这样说，爱的反义词不是恨而是冷漠。

四、社会生物学：一枚酸涩的果子?

1975 年，美国动物学家爱德华·威尔逊发表的《社会生物学：新的综合》一书，可看作社会生物学诞生的标志。社会生物学力图以生物学的基本原理来解释动物的行为，甚至包括人类的行为，就此而言，达尔文应是该原理最早的提倡者。因为达尔文在《人类的由来》一书中，将人类特有的属性，如智力、语言、道德甚至宗教情感都视为是自然选择的产物。洛伦茨最为崇拜的就是达尔文，他理所当然地沿袭了达尔文的学术思路。其实，从前面对洛伦茨思想的介绍中，我们就可看到洛伦茨的社会生物学立场。就以攻击性为例，洛伦茨认为这是生物的一种本能性行为，它应该是人类行为中最古老的天性，无法消除；更何况攻击行为还是产生友情与爱的前提，它的功大于过。但问题是，它毕竟会带来伤害。尤其是当群体内的攻击行为转化为友情与爱之后，攻击行为就会直接转向群体外的人，这也许就是民族与民族、国家与国家之间纠纷不断的缘由。

对此，洛伦茨开出的处方是，为攻击行为找一条释放出路，现在能想到的最好出路恐怕就是体育竞赛了。赛场上的奋力拼搏也许就能避免战场上的兵戎相见；对艺术和科学的追求也能转移人们的注意力，艺术无种族，科学无国界，真和美的东西能引起人们共同的兴趣；还有就是幽默，无论如何，一个正在笑的人是不会举起屠刀的。最后，当然是借助于人们的道德和理性。在洛伦茨看来，攻击的倾向可以转化为人与人之间联盟的纽带，但在自然的条件下，这种联盟只限于相互接触的个体之间，但它无法化解陌生人之间的敌意。要做到爱全人类，光凭我们的本能是不够的，只有通过理性，我们才能让世界充满爱。

对于洛伦茨的这番见解，也许是个仁者见仁、智者见智的问题。但社会生物学引来不少争议，却是一个不争的事实。对此，洛伦茨认为，主要是由于人类的骄傲才阻止他去认识自身的奥秘。想当初，达尔文将人看作猴子的后裔，曾在西方世界引起轩然大波。犹太—基督文化体系尤其不能接受这一点，因为人与其他生物虽然均是受造之物，但人毕竟是上帝按自己的形象所造就的，这就决定了人的地位的尊贵性。在达尔文之后，人们已能普遍接受人与动物在进化谱系上的亲缘关系，但若要将人类的独特品质仅归因于自然原因，这似乎有损于人的骄傲和感情。更重要的是，洛伦茨指出，“人们所以害怕原因上的探讨，可能是怕自己领悟到现象的原因后，发现人类的自由意志只不过是一种错觉下的产物罢了”。正是这一点，意味深长。社会生物学的要害也许就在于，它要揭示人类所有的行为——甚至自由意志——背后都有一个机械的原因。基于生物学的立场，洛伦茨认为，我们心里的道德法则并不是被赐予的，而是通过自然的进化发生的，道德的功能就在于维护物种的利益。当某人为别人而作出牺牲时，他挽救的是整体的利益。如前所述，这种群选择的观点已被摒弃，代之而起的是亲选择观点，即我可以牺牲自己去抢救同胞手足，那是因为他们的体内具有我的某些基因，帮助他们其实也是保存自己的基因，所以，看似利他的道德行为其实质仍是自私的。

但是另一方面，哲学家却竭力要从冷冰冰的自然律中抢救出自由意志。当康德将自由意志——它是道德存在的前提——看作先天的律令或者公设时，他的意思是，不必再为自由意志本身去寻找什么原因了，除非请来上帝，这也正是康德认为道德领域需要上帝的理由。只有当一个行为是出自自由意志时，它才称得上是道德的，而自由意志恰恰不必遵守自然律。可见在此临界线上，自然与人文没有相交点，或者说，科学与哲学使用两套语言，它们之间相互不可通约。

但洛伦茨却要打通两者间的壁垒。他认为，人类的大脑及我们的认知能力，必定也是自然选择的产物，可见康德的先验观有其生物学上的基础。在某种意义上，先验的思维形式如同本能一样，是造化赋予物种的一种特殊禀性，一种生存技能。这种将生物学与哲学相结合的努力，就是进化认识论的诞生。

正是基于他的社会生物学立场，在二战期间，他曾支持过优生学，正如不少生物学家在当时所做的那样。对雁鹅的观察使他发现，野生雁鹅与家鹅的杂交子代呈现出退化现象。他担心，类似的遗传上的退化过程是否也在人类中发生。出自这种恐惧，他在德国占领奥地利不久写了与优生学有关的文章。为了便于理解，他甚至用了纳粹的术语来表达这一思想。但他与当时奥地利的知识界怎么也没想到，当“选择”这个词被统治者所用时竟然意味着谋杀。战后，洛伦茨为此而忏悔。

社会生物学，也许是一枚酸涩的果子？

五、结语

如果说，洛伦茨是当之无愧的行为学之父，那么，在他之前还会有些祖父级的人物。洛伦茨最密切的合作者是海因洛特。从 20 世纪 20 年代起，他们就有交往，那时洛伦茨还是一个无名小辈，而海因洛特已是欧洲著名的鸟类学家，洛伦茨尊称他为自己的老师。海因洛特的研究特点就在于强烈地注重观察事实，而对所谓的理论思辨持保留态度。他曾经告诫洛伦茨“要远离综合正如远离恶魔”。从洛伦茨对老师的态度来看，他似乎完全认同这一教导。洛伦茨的一生几乎就是在与虫鱼鸟兽的亲密对话中度过，他的研究特色在于注重在自然或至少是半自然的条件下，对自由长大的个体所特有的行为进行考察。他与驯服的雁鹅、穴乌及其他鸟类生活在一起，同时又几乎不改变它们的野生属性。要做到这一点是极不容易的。在他们家，有关人与动物的趣闻轶事层出不穷。孩子们尚小时，他的太太为了不出意外，居然把孩子关进笼里，而让各种动物自由出入。在别人家，也许担心的是刚养驯的小鸟会被窗外飞过的野鸟带走，但在他们家，看见一群鸟飞过，家人着急的是，“赶快关窗，看那只大鸟就要飞进来了！”可见他们全家已与自然融为一体。想想有多少文明家庭能够做到这一点，难怪洛伦茨会对所谓的文明忧心忡忡，因为开化的人已丧失了质朴的野趣。

然而一个意味深长的事实却是，除了详尽的观察，正是洛伦茨对动物行为所作的理论综合才引起了科学界的注意，从而使行为学脱颖而出。对此，海因洛特将作何感想？

洛伦茨的朋友曾戏称行为学是“雁鹅的科学”，更准确地说，是“雁鹅玛蒂娜的科学”，因为洛伦茨曾亲自抚养过一只名为玛蒂娜的雁鹅。但是，朋友们还是承认，洛伦茨的研究具有普遍性。这是因为洛伦茨虽然钟情于几种特定的动物，如鹅、鸭等鸟类，太阳鱼、珊瑚鱼等鱼类，但他对动物界确有广博的知识，他写过《狗的家系》，还养过除鸟、鱼之外的其他动物。

洛伦茨的一生是快乐的一生。他曾在多瑙河畔的浅草洼里，与一群雁鹅朝夕相处，这段美妙的时光奠定了他对动物行为学的贡献。他说自己非常懒，正因为懒，才会成为一名有耐心的观察家。与动物生活在一起，最大的好处就在于动物本身很懒，正是它们教会了洛伦茨如何去面对生活。他认为，生活在文明社会的现代人，把可贵的生命都虚掷在庸庸碌碌的工作里了，而这种情况在动物界绝不会发生，即使是被我们视为勤劳成性的蜜蜂和蚂蚁，它们绝大多数时候是闲坐在家里的。人整天忙忙碌碌，因为人有不可遏制的贪婪之心。这样的生活是好还是坏呢？一言难尽。但综观洛伦茨的一生，至少使我们看到了还有另外一种生活模式的可能。

洛伦茨曾提到他的老师霍赫施泰特尔于 71 岁生日时在维也纳大

学作告别演说之后的答谢词。他说："你们在感谢那些我不应该得到的东西。感谢我的父母、我的祖先。他们遗传给我顺其自然的性格。假若你们问，我这一生在研究和教书的园地里做了些什么？我必须诚实地回答：我常常做那些我当时感到有趣的东西。"

这其实也是对洛伦茨一生最好的总结。

（作者：陈蓉霞）

珍・古道尔

野生黑猩猩研究第一人

珍・古道尔

（Jane Goodall，1934— ）

珍·古道尔是世界著名的生物学家、动物行为学家、享誉世界的野生黑猩猩行为研究先驱、20世纪最具传奇色彩的女性之一。古道尔自幼就对动物感兴趣，到非洲与野生动物为伴就是她童年的梦想。18岁那年，她受中学同学之邀前往非洲肯尼亚农场做客，后在非洲担任古生物学家路易斯·利基的助手。1960年，年仅26岁的古道尔接受了一项具有艰巨性甚至是危险性的工作——单枪匹马前往坦桑尼亚的贡贝国家公园研究野生黑猩猩。在非洲丛林的漫长岁月，她超越了常人对孤独和恐惧的认识。精诚所至，金石为开，黑猩猩对她也从最初的强烈排斥到后来的欣然接受，于是，她第一个揭开了野生黑猩猩神秘王国的面纱，她的很多惊人的发现都是历史上首次，她甚至观察到黑猩猩会制造和使用工具，改变了人类对自身定义的看法。

作为野外工作时间最长纪录的保持者，古道尔在丛林中潜心研究数年后，在目睹黑猩猩和其他动物的悲惨命运之后，充满智慧和力量的她，又毅然选择走出丛林，开始新的梦想与征程——转入环保教育。已是耄耋之年的她，现在仍然在世界各地奔走呼号，每到一个地方，她就访问学校、发表演讲、进行募捐，并借助媒体传播野生动物保护和世界环境保护的理念。

一、早年生活与家庭教育

珍·古道尔 1934 年 4 月 3 日出生于英国伦敦，在英国南部的伯恩茅斯长大。她从小就热爱大自然，喜欢户外活动，经常在花园、海滩等地方了解和学习有关大自然的知识，并对各种动物以及那遥远的人迹罕至的神奇世界充满幻想，她甚至还阅读了很多相关书籍，如《丛林故事》《怪医杜利德》《人猿泰山》等。古道尔后来自述："正是由于对人猿泰山丛林生活的美好向往，我才决定到非洲去，去和野生动物生活在一起，去写关于它们的书。"

她不但喜欢看书，还喜欢写故事甚至是诗歌，而大自然则是她惯用的题材，曾写了《野鸭》等诗歌。古道尔在童年时期还养过不少宠物，大黑狗"拉斯蒂"、小猫、乌龟、仓鼠、小白鼠、金丝雀等。这种喂养的经历，使她对动物的天性有了很多的了解。

在古道尔刚满 1 周岁的时候，父亲给她买了一个很特别的礼物——一只很大的黑猩猩玩具娃娃朱比利。它是为了庆祝在伦敦动物园诞生的第一个大猩猩朱比利而设计的。如此大的一个黑猩猩玩具，一般人都担心会吓到古道尔，但事实表明，这种担心是多余的，古道尔竟然特别喜欢，并视之为自己最为珍爱的玩具。时至今日，朱比利还一直陪在古道尔身边，一起慢慢变老。

古道尔的母亲万妮是一位通情达理且富有教养的女性，她不但不干涉古道尔对大自然和动物们的热爱，而且一直鼓励古道尔。在古道尔 1 岁半的时候，有一次，她从外面花园弄来了一把蚯蚓，放到自己床上，想要这些小动物陪自己睡觉。母亲发现后，并没有大发雷霆，而是温柔地告诉她，如果把蚯蚓放在床上，它们就会死去，因为它们离不开土壤，古道尔于是赶紧将其放回花园。

在古道尔 4 岁时，她一直很好奇母鸡是如何生蛋的，尽管大人们给出了答案，但她总觉得没有一个答案让自己满意，于是决定自己寻找答案。她提前钻进鸡舍，等待母鸡进来下蛋。将近 4 个小时的等待，终于有了收获——亲眼目睹了母鸡生蛋的全过程。可是，当她兴高采烈、激动不已地钻出鸡舍跑回家中时，她根本没有想到家人都以为她失踪了并报了警。母亲尽管焦急万分，但当明白事由后，不但没有责备古道尔，反而坐下来听她讲述母鸡下蛋的全过程，跟她一起分享发现的喜悦。

作为母亲，万妮很懂得对孩子严加管束的重要性，但对不允许做的事情，她总能作出解释，告诉孩子为何不能做。有一次，古道尔到朋友家玩，朋友家离海滩不远，古道尔被大量的海贝深深吸引，于是捡回来了很多鲜活的黄色的海蜗牛，并放进了自己的卧室。母亲走进房间，看到了爬满墙壁、地板和衣柜的海蜗牛时，既没有责骂，更没有痛打，而是向古道尔解释，这些海蜗牛如果离开它赖以生存的大海，就会死去。于是，全家人放下手头的事情，一起寻找蜗牛，并将它们送回大海。

古道尔 5 岁那年，父亲希望孩子们能说一口流利的法语，便带着全家去了法国。可是到那儿还没几个月，希特勒就发动了战争，并导致后来二战的爆发。古道尔一家又只好重回英国。母亲知道父亲肯定得参军，于是就带着孩子们一起住到了外婆家——伯恩茅斯的白桦山庄。在古道尔 5 岁半的时候，英国向德国宣战。直至 1945

年古道尔 11 岁时第二次世界大战才结束。亲历战争的经历，使古道尔从小就对生命有了更深的认识。

古道尔曾说："我的思想是在我 20 岁之前逐步形成的，对我产生影响的是我的家庭、我所受到的教育、我所经历的战争岁月……此外还有我所读过的那些书，我在户外自然界所度过的时光，以及我们家所饲养的小动物。"所有这一切，让童年的古道尔心中埋下了对大自然由衷热爱的"种子"。

二、初到非洲与人生转折

古道尔家境尽管并不拮据，但也并不富裕。中学毕业后的古道尔，因为家里没钱供她上大学，而想要拿到奖学金，外语必须很好，而她偏偏外语不行。她因此无缘大学，只好在伦敦接受秘书工作培训。但她还是很想受到正规教育，也梦想能上大学，于是就参加了一些免费的夜校课程。在拿到了秘书文凭后，古道尔找到了第一份工作——在她姨妈的诊所里帮忙。古道尔的工作就是把对患者病历的意见记录并用打印机打出来。这段经历，使她对因疾病或事故而伤残的人产生同情，同时对人类心理和身体恢复能力大为了解。在离开诊所之后，她先是在牛津找到一份工作，后又到伦敦为一家制片厂的纪录片挑选音乐配音；在那里，古道尔几乎学会了电影制作的全部知识。

1. 意外来信，人生转折

具有人生转折意义的日子来临了，1956 年 12 月 18 日，古道尔很意外地收到了一位 5 年没见面的中学女同学克洛的来信。克洛家搬到了非洲肯尼亚，并买了一座农场，问古道尔是否想到那里去玩。非洲之行，不正是古道尔梦寐以求的吗？为了攒够来回的路费，她果断地辞去电影制片厂的工作，到一家餐厅当服务员，为的是这样可以住在家中，节省一笔开支。节衣缩食 5 个月后，愿望终于实现了，“我可以去非洲了——我的生活将发生永久性的变化”。

一踏上非洲，古道尔就喜欢上了那里，在克洛家人接她的路上，她第一次见到了野生长颈鹿、南非食蚁兽……一切都是那样新奇、那样美好、那样激动人心。在克洛家住了几个星期后，古道尔决定自力更生，于是在当地找了一份工作——英国公司肯尼亚分公司经理秘书。这份工作本身并没多大意思，但可以给她的非洲生活提供物质保障，也给了她寻找和等待一份动物研究工作的机会。

2. 遇见利基，勇担重任

一切是那么的幸运和顺利。有一次晚宴后，她搭便车回住处的途中，有个人告诉她，如果她对动物感兴趣，就应该找路易斯·利基——著名的古人类学家兼考古学家。年轻的古道尔勇敢大方，主动和利基联系，并征得同意在博物馆见面。见面时，利基问了很多关于非洲和野生动物方面的问题，古道尔的回答让利基对她印象不错，于是同意让她当私人秘书。这样，她就用了一年的时间在博物馆里学习了很多非洲动物方面的知识。她还与利基夫妇一起到坦噶尼喀（与桑给巴尔合并后称坦桑尼亚）的奥杜瓦伊峡谷参加一年一度的为期 3 个月的考古发掘，为的是寻找古人类祖先骨骼。

其间，利基时不时跟古道尔讲到黑猩猩，并表示希望能对黑猩猩进行科学研究。因为他相信，通过对黑猩猩生活习性的观察，可以为人类演化史的研究提供线索。也许是出于赏识古道尔的朝气和热情、对动物真诚的爱以及她的耐心和毅力，尽管她并没有受过这方面的任何科学训练，也没有大学文凭，但利基却认为古道尔是研究黑猩猩的合适人选。“他告诉我，实际上他要选择的研究者应当到实地去，脑子里不要有科学理论方面的偏见。他一直在寻找一个有开阔的思路、强烈的求知欲、热爱动物、极有耐心的人。尤其重要的是，这个人要工作勤奋，能够长期远离文明，因为他认为这样的研究要花几年的时间。”

开展黑猩猩的野外研究，是一件难度很大的工作：一是没有任何前人的成果可供借鉴；二是这样的野外作业没有什么指导性的原则；三是那里是人迹罕至的崎岖山区，有很多危险动物出没。为此，英国当局起初并不同意利基的计划，明确反对一位年轻女子到非洲与野生动物生活在一起。后来在利基的努力下，双方达成了妥协——她必须带一位欧洲同伴。几经考虑，古道尔带上了自己的母亲万妮。

3. 初到丛林，危险重重

最终，古道尔带着童年的梦想，手持记录本和望远镜，怀着无比的勇气和对动物虔诚的爱，步入了那片人迹罕至的森林。刚到达贡贝的时候，当地捕鱼人就告诉她们，前一天晚上有一头公野牛向一位捕鱼人发起攻击，那人只好爬上树躲起来，而那头公野牛在树下待了个把小时，并用犄角去撞那棵树，力图把捕鱼人撞下来，幸好最终未果，但树已被撞得伤痕累累。

有一天，天还没亮，古道尔也差点儿撞上了一头野牛——它正躺在离古道尔不到两米的地方反刍胃里的食物。幸好当时的风声大，盖过了古道尔发出的声音，而且风向刚好是朝古道尔而吹，所以她才有机会悄悄离开而没有引起野牛的注意。

丛林确实危险重重。还有一次，正在山上睡觉的古道尔突然听到附近黑暗中有一头正在觅食的猎豹发出的奇怪的声音。此时的她别无选择，只好把毯子蒙在头上，最终得以侥幸逃过一劫。祸不单行，到贡贝 6 个星期后，古道尔与母亲都得了疟疾，时而热得高烧，时而冷得发抖。因为没带治疟疾的药，只好听其自愈，幸好两人都挺了过来。

4. 否极泰来，发现“山峰”

除了危险和疾病，更让古道尔忧心的是，那些黑猩猩非常怕人，一见到她就逃得无影无踪。在古道尔深入丛林考察的前几个月，黑猩猩一见到还在 500 米以外出现的古道尔，就望风而去、逃之夭夭。而资助的经费是有限的，只够她在野外生活 6 个月，所以为了搜寻和观察黑猩猩，身体刚刚恢复点的古道尔就又迫不及待地出发了。

也许是否极泰来，那一天，她开始时来运转。她发现了“山峰”——一块突出的岩石，位于两道小山谷之间的一道山脊上，那山脊是一段耸立在湖畔的峭壁。这个“山峰”可谓是一个绝妙的制高点，离湖面约有 150 米，从那儿可以观察到两个山谷。一个是她帐篷所在的卡孔贝谷，一个是北面的卡萨克拉谷。

当她爬上这个制高点时，她看见了正在吃无花果的黑猩猩，还能听见它们发出的响亮的喊叫，她甚至还可以通过望远镜跟踪它们离去的踪影。这个绝佳观察点的发现，使古道尔激动不已。

三、走入丛林，与黑猩猩亲密接触

为了进一步了解黑猩猩，古道尔每天早晨 5 点半就起床，吃上一片面包，带上一杯咖啡，趁天还没亮就进入丛林，期待与黑猩猩相遇。日复一日，黑猩猩也逐渐接受了古道尔，对这个“白猿”也不感觉奇怪，甚至“允许”其接近它们了。大约一年时间之后，古道尔能在几十米远的距离接近黑猩猩中的大多数。

有时候，当发现黑猩猩在附近栖息时，古道尔就整夜待在森林里，披着毛毯睡在林中，以便更好地观察它们。古道尔惊人的耐心、恒心和对动物发自内心的爱，最终赢得了黑猩猩的信赖。黑猩猩允许古道尔接近的距离逐渐缩短。4 年之后，黑猩猩已经允许她如家人般地亲密接触了。

遗传学家认为，人类与黑猩猩的遗传物质，也就是 DNA，只有略高于 1% 的差别。也许正因为大概再也找不到另一种能像黑猩猩那样和人如此相似的动物，古道尔也一改以往用数字为动物编号的方法，而是一一为黑猩猩取上名字，如“灰胡子戴维”“大力士戈利亚”。她认为，为动物取名，既能帮助我们记忆，又能描绘出每只黑猩猩独有的特征。她通过持续观察还发现，黑猩猩有自己的独特个性、思想和感情。在古道尔眼中，黑猩猩不只是她的研究对象，更是她朝夕相处的朋友。

1. 改变“人类”定义的伟大发现

丛林研究的第 4 个月的一天早晨，古道尔收获了第一个真正有价值、真正让她激动不已的观察结果：在距离古道尔大约40米的深草丛中，那只叫“灰胡子戴维”的黑猩猩坐在一个白蚁冢的红土丘上，不断地把一根草伸进白蚁洞里；过一会儿后，它又把草拿出来，用嘴舔爬在草棒上的白蚁，偶尔它会再折一根草来用。显然，黑猩猩在使用工具。

她还观察到：黑猩猩如何用大拇指或食指把封住的洞眼捅开？如何把草棍弄弯了的一头咬掉，或者干脆用另一头；如何扔掉一个工具去找另外的工具。后来，古道尔甚至观察到黑猩猩如何将一根小小的树枝折断，去掉上面的叶子，进行实物改造。这正是工具制造的原始行为。她还发现，黑猩猩会把叶子揉成一团后，放进树洞里以汲取雨水；会把石块当成投掷的工具。所有这一切都在表明，我们对“人类”得重新定义。

这些发现让古道尔兴奋不已，因为就在两周前，有位生物学家来拜访古道尔时就说：“如果你看见黑猩猩追猎或者使用工具，这就值得一年来的研究。”古道尔立马将自己的发现汇报给路易斯·利基。利基万分欣喜地回复道：“啊，现在，我们必须重新给人下定义，重新给工具下定义，否则我们就承认黑猩猩是人。”因为长期以来，人们认为只有人类才是地球上唯一能制造和使用工具的生灵，会制造与使用工具成了人与其他生物相区别的标志。古道尔的这一观察发现却颠覆了传统的人类与动物的界限，悄悄地改变了人类对自身的定义。

2. 具有历史意义的一握

震惊科学界的伟大发现，使古道尔获得了更多的资助，她也因此可以在丛林中继续对黑猩猩进行研究。接着，一件让古道尔始料不及、喜出望外的事情发生了。有一天，在清澈的小溪边，油椰树上掉下来了一只熟透的红果子，古道尔顺手捡了起来，将它放在手心上，递给刚好坐在她旁边的“灰胡子戴维”，这时“它看了看我，然后伸手把果子拿过去。它把它扔在地上，可是却轻轻地握了握我的手”。

“灰胡子戴维”是所有黑猩猩中古道尔所结识的第一个朋友，它“第一个承认我，第一个允许我走近它，第一个来到我们营地，并且第一个从我手上拿走香蕉”，最后还是它第一个勇敢地握住了人类的手。“我已经不需要任何语言就可以理解它传递的信息了：它不需要那只果子，可是它理解我的用心，它知道我没有恶意。”

这看似偶然的轻轻的一握，却在几秒钟之内使远古以来横亘于两类演进方式不同的亲属之间的墙垣土崩瓦解了。这既是对古道尔多年丛林生活的最高奖赏，更是书写了人类与动物交往史上的一个具有划时代意义的伟大事件。它还告示我们，人类不应该在任何有其他不同想法的群体之间画一道明确界线，挖一条鸿沟，布一片雷区。黑猩猩用肢体语言表达了对人类的信任与感激，人与动物和谐共处的生命图景也定格在那轻握的一瞬间。

3. 攻读博士，组建团队，建立机构

在丛林研究两年后，1962 年，在利基的推荐下，古道尔前往英国剑桥大学攻读动物行为学的博士。1965 年，古道尔对黑猩猩群体生态学的观察和研究成果终于获得了专家们的认可，并最终获得博士学位。

取得学位后，古道尔又重返丛林，继续对黑猩猩进行观察和研究。同时，她开始召集来自各个国家的研究生以及其他研究者一同前来贡贝丛林，帮助收集黑猩猩的相关数据并展开相关研究。1967年，建立贡贝河研究中心，她亲自担任研究中心的主任。该中心对野生黑猩猩的生活提供了世人前所未有的报道，取得了很多新发现。

1977 年，古道尔研究会建立，总部设在美国加州旧金山。该机构的目的就是，支持在非洲进行的黑猩猩和其他野生动物研究以及环境保护项目的开展，改善被捕获圈养的黑猩猩和其他动物的生存环境。

1984 年，她主持成立黑猩猩庇护所和黑猩猩动物园，前者用于收养那些政府没收的被走私的幼年黑猩猩，后者则主要收留和研究那些遭到非法捕猎的黑猩猩和其他被捕获的动物，同时也成为世界上最大的一个类人猿研究基地。

4. 其他系列重大发现

功夫不负苦心人，黑猩猩王国的几乎所有秘密也都逐次向古道尔展开——

在黑猩猩饮食生活方面：古道尔发现黑猩猩是食肉的，她观察到“灰胡子戴维”在吃一头野猪仔；为了缓解身体的不适，黑猩猩会主动寻找和自食草药；黑猩猩也像人类一样会染上小儿麻痹症，即脊髓灰质炎。

在族群关系方面：黑猩猩存在家族观念，兄弟姐妹之间有合作有互助，比如，哥哥“弗冈”在弟弟“法宾”的支持下取得了首领的地位，9 岁的“波姆”主动保护险些被蛇攻击的 3 岁的弟弟；在黑猩猩群落内部存在同类相食的现象，雌性黑猩猩“帕辛”和其成年女儿“波姆”一起把“吉尔卡”的孩子杀死并生吞活剥地吃掉；黑猩猩领地意识很强，为此不同群落之间容易出现冲突，产生战争，比如，“卡萨克拉”群落与“卡哈马”群落之间为了争夺领地互相残杀，残酷的“战争”长达 4 年之久，最后“卡哈马”群落中的雄性黑猩猩全被消灭，青少年期的雌性全被抢走。

在思维智力方面：黑猩猩除了会制造和使用工具，还会有计划，如“泽冈”为了把整群黑猩猩引开，故意将“弗林奇”从它母亲“芙洛”那里“劫持”走；黑猩猩还懂得使用人造物品，如“马伊克”就利用空汽油桶发出的声音，来吓唬别的雄性黑猩猩，并最终夺得首领地位；黑猩猩群落还懂得技术传递，古道尔只在贡贝地区的“密通巴”群落观察到猩猩用树枝“钓”蚂蚁，但“密通巴”猩猩的女儿“弗洛西”突然开始使用“密通巴”黑猩猩的技术，表明群落之间会进行技术传递。

在黑猩猩生育方面：黑猩猩中存在雌性外嫁的现象，处于青春期的雌性黑猩猩从一个群落移居至另外一个群落的现象比较普遍；雄性黑猩猩为了提高繁殖率，有时会将雌性带出群落，建立短暂的单配关系；黑猩猩中也存在类似人类的抱养现象，如 3 岁多的“孤儿”就被毫无血缘关系的“斯平德尔”抱养；黑猩猩同样存在双胞胎现象，如“拉菲基”就生下了一对双胞胎“根根”和“芽芽”。

四、走出丛林，转入环保教育

1. 目睹惨象，走出丛林

古道尔意识到，对于黑猩猩，我们需要研究，更需要保护。在她目睹了黑猩猩以及其他野生动物被当作“丛林肉”惨遭盗猎和捕杀后，在目睹黑猩猩被充当宠物进行非法贸易后，在目睹黑猩猩被残酷地作为医学实验对象后，在目睹黑猩猩被囚禁于动物园狭小的牢笼之中后，在目睹野生动物们的栖息地不断减少甚至丧失后……1986 年，古道尔决定走出丛林，直接面向公众进行环保教育，尽自己的全力去保护这些跟人类一样同样值得尊重的所有动物的生命。“如果我一直待在贡贝研究黑猩猩，非但不能保护它们，反而会让它们的数量越来越少。我不能只是坐在森林里观察它们了，我得为黑猩猩和当地人做点什么，我得报答他们曾经给我的一切。”

她拜访很多国家的首脑、环境和野生动植物保护部的部长，以及其他政府官员，还与环保组织、研究和保护黑猩猩的个人取得联系，提倡建立黑猩猩禁猎区。此外，她雇用当地村民保护黑猩猩，她说从根本上来说，黑猩猩的生死存亡掌握在当地人手中，只要有足够的资金来雇用这些村民，贡贝就不会有人偷猎了。

对于用动物活体做实验，古道尔认为，科学实验必须在为人类服务的同时，尽可能地减少动物所受的痛苦。我们人类应该懂得在人类的利益与动物所承受的痛苦之间找到平衡，只要我们承认每个生灵都有感觉，都能体验到痛苦，那么，如果我们仍然故意让动物受苦，我们同样是有罪过的。所以，最好就是能找到一些东西来替代各种用于研究的活动物，从而永远取消用动物进行研究的做法。

2. 面向青年，成立“根与芽”

逐渐消失的森林、遭到破坏的土壤、不断减少的地下水以及不断扩大的沙漠，还有大量饥荒、各种疾病，人类生存的环境日益恶劣。数十亿吨的化学合成剂不计后果地进入我们的环境，破坏生态系统与野生动植物，甚至危害到我们人类自身。人类也开始更加懂得环境保护的重要性。

1991 年 2 月，来自 8 个国家的 16 名初中生聚集到坦桑尼亚，他们与古道尔一起，就动物保护和环境问题进行了充分的交流，继而成立了环保社团——“根与芽”。“根，在地下四处蜿蜒而生，为植物生长奠定了坚实的基础。幼芽看似柔弱，但为了接触到阳光，它们努力生长，甚至可以钻透厚厚的砖墙。困扰着我们这颗星球的种种问题就好像是那些砖墙。成千上万如根之坚、芽之韧的年轻人遍布世界，为了更广阔的光明，他们一定可以冲破重重壁垒。”

“根与芽”成立的目的在于，使从幼儿园到大学的年轻一代能够行动起来，为了环境、为了动物、为了人类自身创造一个更加美好的世界。“根与芽”很快如雨后春笋般地发展起来，得到了无数师生的认可和支持，活动逐渐在世界各地推行。1994 年，中国第一个“根与芽”小组在北京成立。到今天，“根与芽”已发展成为在 130 多个国家注册的环境教育和保护团体。

3. 面向未来，充满希望

尽管环境问题日趋严重，但一切都还来得及，大自然并没有放弃，只要人类有决心、有行动，一切都有希望。古道尔提出了四点有希望的理由：

第一，人类大脑具有的神奇功能。人类越来越多地认识到，技术在带来便利的同时，也破坏了自然界。这些问题不是少数环保活动分子杞人忧天或故作夸张，而是确实存在并威胁着我们以及我们的后代。人类开始意识到环境问题的严重性，关心这些问题的人也越来越多。比如政府部门已经开始制定很多环保措施，很多公司开始“绿色运作”等。

第二，大自然具有复原能力。只要人类在必要的时候给大自然一定的帮助，它就能产生神奇的复原效果。受到重度污染致生物几乎绝迹的河流，经过清理，依旧可以让鱼儿重现；排放了 100 多年有毒物质的镍矿所在地，在采取有效措施后，能让不毛之地变得树木丛生。

第三，全世界年轻人所具备的或能唤起的精力和热情。世界上很多年轻人对环保问题有了新的认识，他们关心环保问题，意识到环保问题已经成为人类生活中的一部分，必须予以重视、保护环境。他们愿意为环境保护真心付出和积极行动，年轻人总是充满力量和希望。

第四，不可战胜的人的精神。很多人开始做一些看似几乎无法完成的事情，他们孜孜以求，顶着几乎难以克服的困难，在为他人（包括动物）服务的道路上默默前行、不断付出，甚至奉献自己毕生的精力。

古道尔外出总是随身携带着一个叫作“H 先生”的小猴子玩具，它是 1994 年由一位名叫加里·豪恩的勇于追寻梦想的盲人赠送给她的。古道尔认为，H 既代表了 H 先生（Haun 的首字母），同时也代表了希望（Hope 的首字母）。

4. 面向世界，一起环保

古道尔认为，人类想了解自身如何变成现在模样的问题固然重要，但更为重要的是，人类应该懂得如何走出由自己造成的乱糟糟的局面。如今，即将九十岁的古道尔仍在奔走呼号，四处讲学和募捐，为环保、为野生动物、为万物生而平等，她把余下的一点精力用于环保事业。这一路的奔波付出和酸甜苦辣，唯有自己最懂，但她依然选择坚持，永不放弃。

“自从 1986 年之后，我没有在一个地方待上超过三个星期。这些日子，当我早上起床的时候，常常困惑于自己究竟身在何处，最近我在美国巡回演讲时，甚至很少在同一个地方停留两晚。我要跟很多人见面，有很多演讲和会议在等着我。”“我经常带着很多问题入睡，并想很多很多事情。一旦我控制自己不去想这些事，它们又会全部如潮水般涌来，在我的脑海里形成一幅幅可怕的画面——猩猩们如何被铁链锁在实验室里。”古道尔对黑猩猩、对动物的爱与付出让人崇敬与感动。

2001 年古道尔在北京大学演讲时，有人问道：“如果只剩下一根香蕉，您是把它送给人，还是送给黑猩猩？”古道尔的回答让人肃然起敬：“我会把香蕉分开，一家一半。人与动物同等重要，而在我们这个人满为患的世界上，人的权利已经太多了，黑猩猩和其他地球居民的权利却还没有被承认。”2007 年古道尔再次访问中国时，有人问她是否在丛林中有过最恐怖的经历，她的回答让人意外："我并不认为动物比人类更危险，我一直觉得和动物打交道比和人打交道更安全。"显然，她对生命、对孤独、对恐惧的认知已经超越常人。

古道尔说，我们要用行动改变世界，表面上看，一个人的力量微不足道，但众人拾柴火焰高，如果每个人都行动起来，亿万人共同努力和参与，那就足以能改变整个世界。人具有良知，也具有意志，只要去做，就一定能创造奇迹。古道尔一再表示，唯有了解，我们才关心；唯有关心，我们才会采取行动；唯有行动，生命才会有希望。

五、著作与荣誉

1. 出版系列著作

1971 年出版的《在人类的阴影下》(中文版译作《黑猩猩在召唤》)一书，描写了古道尔早期在贡贝丛林中的研究发现和冒险经历，该书 20 世纪 80 年代被译介到我国；1986 年，由哈佛大学出版社出版了《贡贝的黑猩猩：行为模式》；1990 年出版的《大地的窗口：珍爱黑猩猩 30 年》，展示了古道尔在非洲与黑猩猩朝夕相处 30 年的图景；1999 年出版的《希望的理由：古道尔的精神之旅》具有自传体的性质，详细回顾了她自身不平凡的人生经历，以及精神上的漫漫旅程，书中对人与动物的关系、对环境保护的认识给人以思考与启迪，2013 年被翻译成中文出版；她 2001 年出版的《我的非洲：1934—1966》、2002 年出版的《我心依然：近来的日子》两书，是古道尔的书信集，透过一封封书信，展示出了一个更真实、更生动的古道尔；2009年出版的《希望：拯救濒危动植物的故事》，2011年被翻译成中文出版，书中讲述了全世界50多种珍稀濒危动植物在灭绝边缘被拯救的故事，既生动又感人。

2. 纷至沓来的各种荣誉

正因为古道尔在黑猩猩研究方面的独特贡献，于是与之相关的一系列荣誉也纷至沓来。她是迄今为止唯一一位获得坦桑尼亚勋章的非坦裔人士，1987年获动物权益研究所授予的艾尔伯特·史威策奖，1989年获大不列颠百科全书授予的传播造福人类知识杰出工作者奖。1995年，英国女王伊丽莎白二世授予她大英帝国女爵士勋章，同时美国国家地理学会授予她哈德伯奖章。她于2001年获联合国颁发的马丁·路德·金反暴力金奖，2002年被联合国秘书长安南亲自任命为“联合国和平信使”，2004年获国际爱护动物基金会颁发的终身成就奖，2006年获联合国教科文组织赠予的纪念奖章。《洛杉矶时报》赞其为“行为科学中的爱因斯坦”，斯蒂芬·杰伊·古尔德称“珍·古道尔对黑猩猩的研究代表了西方世界的最伟大的科学成就之一”，《波士顿环球报》称“与珍·古道尔在一起，就像与圣雄甘地一起漫步”，英国媒体赞其为“奔走的特雷莎修女”，美国《时代》杂志称其为20世纪“世界最杰出野生动物学家”。她还获得了美国、荷兰、德国、苏格兰、加拿大等国家的很多大学的荣誉博士头衔。

六、质疑与批评

尽管对古道尔的赞美之词不绝于耳，但不可否认的是，对她的质疑与批评也从未间断。

1. 关于对黑猩猩进行取名的批评

正如前文所言，古道尔在贡贝研究黑猩猩时，一一为黑猩猩取上名字。这立马招致了当时剑桥大学学者们的批评，因为根据 20 世纪 60 年代初的动物个体生态学，替作为研究对象的动物取名是不可取的，研究者应该比较客观地给研究对象编上号码才是。所以，他们认为古道尔这种把黑猩猩人格化的做法，实质上是为非人类的动物赋予个性和情感，它属于拟人论的研究范畴，与动物行为学毫不相干。动物学家应该避免将自己的情感带入观察中，否则很容易影响研究的客观性。

2. 关于对素食问题的批评

古道尔提倡素食，她曾坦言："自从我 39 岁读了皮特・辛格的《动物解放》一书后，我不想再吃肉了。因为读了那本书，当我吃最后一块肉的时候，我看着它，心里想着它代表着恐惧、痛苦和死亡，就这样，我不再吃肉。我不吃鱼，基本上我也不喝牛奶，但我并非纯粹的素食主义者，有时候我也会消费动物的毛皮制品，有时候我也吃一些甜点，实际上这也是虐待动物。所以，我不是纯粹意义上的素食主义者，我尽力而为。"她甚至还说，自从成为素食主义者以来，发现自己的健康状况发生了变化，体重变轻，浑身都充满了清洁的能量。她说，比起肉食来，人的身体更适应素食。她还指出，肉类加工工业是当今气候变化的一个重要诱因。动物生存所食用的激素和抗生素大大地影响着人类的健康。尽管古道尔并没有旗帜鲜明地谴责肉食者，但她对素食的过度推崇与宣扬，很多人或是不敢苟同，或是无法接受，甚至有人直接批评古道尔是一位极端的环保主义者。

3. 关于对设立香蕉站的批评

为了吸引黑猩猩，古道尔曾建立香蕉食物站，但反对者认为，香蕉是不自然且具备高度营养的食物——所以导致它们（黑猩猩）产生病态的攻击性格。古道尔并没有向批评者屈服，她认为对黑猩猩之间的攻击事件，与其逃避否认，还不如面对现实，不论事实有多么令人难以接受。确实，有研究人员后来发现，在没有向黑猩猩提供额外食物的其他非洲研究地点，同样也观察到了黑猩猩争斗的场面。但还是有人对古道尔设立香蕉站的做法质疑，他们认为，不管如何，非自然的食物站完全违背了观察者应该避免对观察对象进行干扰的原则，香蕉站的设立改变了黑猩猩正常的野外觅食习性，进而改变了整个黑猩猩社会的自然状态。

现在的古道尔也逐渐认识到了自己的问题，她也认为设立香蕉站的做法不妥，并因此而后悔不已。因为它有可能改变黑猩猩的生存环境和生活习惯，从而使所观察到的资料和进行的判断产生偏倚。而且她还认为，与黑猩猩近距离接触也不科学，尤其是在她发现黑猩猩对人类的一些疾病不具备免疫能力之后。因此，如今贡贝的研究人员被要求与黑猩猩们保持至少 7.5 米的距离。古道尔这种不讳言自己研究缺点的做法，这种忠于科学事业的态度，值得我们好好学习。

总之，对于这样一位与野生黑猩猩为友的研究者，尽管在赢得鲜花与掌声的同时，也有质疑与批评，但无论如何瑕不掩瑜。很多时候，科学也正是在质疑与批评中砥砺前行。古道尔对黑猩猩、对野生动物非凡的爱心、毅力与坚守，既成就了她不朽的人生，也激励着我们一起奋斗和前行！

（作者：曾甘霖）

诺曼·布劳格

绿色革命之父

诺曼·布劳格

（Norman E. Borlaug，1914—2009）

诺曼·布劳格是国际著名的小麦育种学家、植物病理学家和诺贝尔和平奖得主，美国得州农工大学作物和土壤系教授。他培育的20多个小麦矮秆高产品种对发展中国家和部分发达国家的粮食生产产生了重要影响。因其终生致力于以农业技术创新解决发展中国家的饥饿和贫困问题，他被国际社会誉为“最杰出的反饥饿斗士”“绿色革命之父”。布劳格一生获得过国际社会给予的许多荣誉奖章，包括1977年美国总统自由奖章、2002年美国科学院公共服务奖章和2007年美国国会金质勋章。

2009年9月12日晚，布劳格因癌症并发症在家中与世长辞，享年95岁。国际玉米小麦改良中心、世界粮食奖基金会和得州农工大学等相继举行了多种形式的追思会，沉痛悼念这位杰出的农业科学家和人道主义战士。美联社援引布劳格家人发表的一份声明报道说，布劳格终生为改善他人生活、消除人类贫困而努力，希望其一生能为后人借鉴。

一、早期的艰难生活

1914年3月25日，诺曼·布劳格出生在美国爱荷华州东北部克雷斯科市近郊一个很小的挪威移民聚居区。由于地处偏远，他的正规教育是从“一间房”乡村学校开始的。冬天的早晨，这些挪威裔路德会教友的孩子和来自邻镇的捷克裔波西米亚天主教徒的同学都会沿着冰雪覆盖的小路走向学校，并在凌厉的寒风中全体起立同唱《爱荷华之歌》。同一首歌，同样艰辛的生存和教育环境，让这些移民孩子很快感受到超越民族和语言差异的身份认同，意识到互助合作对促进所有人幸福成长的重要性。世界粮食奖基金会主席肯尼斯博士追忆说，这种独特的早期经历影响了布劳格的整个人生历程，塑造了他日后成就“绿色革命”的工作伦理和个性品格。

布劳格孩提时代是在祖父诺曼·诺克维尔的农场中度过的。钓鱼，打猎，种植玉米、燕麦和牧草，以及畜养猪、牛和鸡等，他几乎无一不通。这样的环境让他对土地有着特殊的感情，对各类植物生长现象充满好奇。据说，布劳格当时最困惑不解的问题是：为什么某些地段的植物比其他地段长得好？这种困惑促使他早在高中阶段就经常借阅各种农业书籍，研究了解植物生长发育的规律和机理。

高中阶段参加学校摔跤队，让布劳格受益匪浅。教练经常教导他说，无论面对怎样可怕的对手都要永不放弃。摔跤训练塑造了他坚韧的个性品质，不仅让他赢得了更多自信和荣誉，也为他日后游走世界各地推广农业新技术做好了体力和精神上的准备。2005 年，布劳格对明尼苏达大学学生说：“摔跤带给我许多宝贵的经验，我坚信自己能在对抗世界最强劲的对手时取胜。我很坚韧，好几次我都动用了这股力量。或许它不是一种恰当的支柱，但这的确就是我的方式。”

高中毕业时，布劳格打算报考爱荷华州立教师学校，将来做一名高中科学老师。这对置身美国经济大萧条年代的农家孩子来说并不是一个简单的选择。当时，许多同学辍学在家，只有祖父鼓励他坚持学习。他对布劳格说："要想在今后填饱肚子，最好先丰富自己的头脑。"为筹集学费，布劳格在一家农场打工，每天挣 50 美分。然而在攒足学费后，布劳格却选择了明尼苏达大学林学系。他对此解释说，在那个令人绝望的年代，直面处于死亡边缘的明尼阿波利斯饥民的恐慌和遭受的社会苦难，"我见识了食物是如何改变着他们，……那里的一切让我心如刀割"，"大萧条的黑色土壤让我投身农业"。

二、激动人心的植物病理学讲座

布劳格的大学生活紧张而又充满活力，除了钻研学业、参加摔跤比赛等丰富多彩的社团活动，他还挤出时间在咖啡店和停车场等处打工以勤工俭学。1935 年夏天，他争取到在美国森林服务局下属的马萨诸塞州和爱达荷州试验站做临时护林工的实习工作，这使他有机会多次进入遥远的荒野山林，体验大森林的宁静和壮美，并让他对这些生命栖息地中的植物和野生动物产生浓厚兴趣，他期望大学毕业后成为森林服务局的一名正式员工。

命运往往在不经意间改变人的一生。毕业前夕，布劳格收到森林服务局的通知，说是因为预算紧缩暂时无法为他在未来 6 个月提供全职工作。他只好推迟报到，打算在这段时间选修一些大学课程。一天，他在校园公告栏看到植物病理学系主任艾文·斯泰克曼教授关于植物锈病——袭击多种植物和树种的寄生真菌的讲座通知，立即前往聆听。

在当天的讲座中，斯泰克曼教授以“这些诡诈的小敌人毁坏了我们的粮食作物”为题，讲解了植物锈病对各类粮食作物的影响，介绍了他新近发现的能使植物抗锈的特殊育种方法。他激情洋溢地宣称，科学将“为消除这个世界最悲惨的饥饿和贫穷作出巨大贡献”。布劳格的传记作家伦纳德·比克尔描述说，“那个晚上，……斯泰克曼是一个很有感染力的老师。他的风格、直率和讲述时的强烈情感深深地打动了在场听众，他的每一句话都引起了布劳格的共鸣，久久回响在布劳格耳边”。讲座结束后，布劳格就匆忙拜访了斯泰克曼教授，询问教授是否愿意指导他攻读森林病理学博士学位。1942 年，布劳格在斯泰克曼教授指导下获得明尼苏达大学植物病理学和遗传学博士学位。

三、面向穷人的育种创新

1942 年，布劳格以微生物学家身份在杜邦公司从事工业和农业杀菌剂、杀真菌剂保护研究，并因战事需要参与抗侵蚀黏合剂的制作等科研活动。1944 年，在斯泰克曼教授的举荐和鼓励下，布劳格放弃杜邦公司的优厚待遇，离开正怀孕的妻子和一岁多的女儿，前往墨西哥参与一项全新的农业研究计划——小麦合作研究和生产计划，意在由育种学家、土壤学家、植物病理学家和昆虫学家组织研发团队，全力解决影响墨西哥小麦增产的所有问题。该计划由时任美国副总统亨利·华莱士针对墨西哥政府的粮食援助请求而倡议，洛克菲勒基金会与墨西哥政府联合资助和实施，旨在通过对墨西哥等发展中国家的农业技术援助来加强美国的经济和军事影响力。墨西哥实验的成功，使这项计划后来定格为致力于为发展中国家穷人提供玉米和小麦创新服务的“国际玉米小麦改良中心”。

初到墨西哥的布劳格深感绝望。由于缺少训练有素的科学家和必要的农业设施，当地农村土地荒芜、秆锈病猖獗，小麦连年歉收，农民连自身的温饱都难以维持。他在当时给妻子的信中写道，“我所到的这些地方一直在我的脑海中浮现，它们是如此贫穷和让人沮丧”，“我不知道我们能做些什么来帮助这些人，但我们必须做一些事情”。当地农民对小麦工程充满敌意，“就仿佛我在墨西哥接手这一工作是一种严重的犯罪一样”。很快，布劳格刻苦学习当地语言、不怕脏累下田劳动的行为感化了一些农民，他们开始接受新小麦栽培试验。

1950 年，布劳格及其团队在研制 6000 种小麦杂交品种的基础上培育出抗秆锈病小麦品种 Yaqui 50，其在施用化肥后产量猛增，但因麦穗太重易出现倒伏，造成粮食减产。为了解决这一技术难题，布劳格和他的研究团队从 1953 年尝试将日本的矮化小麦品种 Norin 10 与适宜在墨西哥北部高热、干燥气候条件下播种的品种杂交，以培育能够抗倒伏的高产小麦新品种。整个育种研究过程充满了艰辛和曲折。起初，布劳格的试验主要集中在锈病蔓延、土壤贫瘠的中部高原特斯科科附近的查平哥。为了加速小麦新品种的繁育进程，缩短新品种的研发周期，布劳格提出“穿梭繁育”的育种策略，即夏季集中在中部高原进行育种试验，收获之后立即将种子送至雅基山谷的研究基地，再在冬季索诺兰沙漠的奥布雷岗试验基地繁育试验。但这种一年两季的育种策略遭遇乔治·哈拉的反对，他认为这种策略不仅增加化肥的投入量，也违背农业育种的基本理论，即种子需要一段休眠来存蓄下次萌芽的力量。由于墨西哥小麦研究与推广团队最初是由植物病理学家乔治·哈拉负责组建，其成员包括来自美国的玉米育种的爱德华·威尔浩生、马铃薯育种的约翰·尼德豪泽、威廉·科尔韦尔和布劳格等。乔治·哈拉的反对无疑对整个育种试验有很大的影响，但布劳格坚持己见，甚至因此向洛克菲勒基金会递交了辞呈。最后，由斯泰克曼出面调解，布劳格的育种试验才得以最终实施。

借助于“穿梭育种”的创新策略，布劳格团队很快培育出所谓的墨西哥矮秆小麦品系，其大面积推广后，在不到 7 年的时间内就使墨西哥农业完成了一场“寂静的革命”，实现了粮食自给。他们在 1962 年开发的高产、抗锈病的半矮化小麦品种 Pitic 62 和 Penjamo 62，在施用化肥的情况下，产量潜力可提高到每公顷 5870 千克，且其粗壮的秆茎足以支撑硕大的麦穗，防止小麦倒伏。采用 Penjamo 62 的姊妹系和澳大利亚品种 Gabo 杂交，布劳格还育成后来称之为绿色革命的组合，代号 II 8156。该组合的 33 个选系（有红、白粒两类，包括 Siete Cerros 66、Kalyanson 和 Mexipak 65 等）作为主栽品种在印度、巴基斯坦等 13 个国家得到大面积推广。

布劳格他们采用这种双季节繁育方法培育的品种具有显著的推广优势，即新品种对光照时间不敏感，可以在多种不同的气候条件下培育生长。这无疑是小麦育种领域具有革命意义的重大原创性创新成果，其中蕴藏着未来绿色革命蓬勃兴起的巨大技术潜力。如今，布劳格创立的穿梭育种方法被世界各国作物育种家广泛采用，这也是他获得“绿色革命之父”美誉的最重要业绩之一。中国农业科学院的何忠虎研究员和国际玉米小麦改良中心的彭居俐在谈到布劳格对小麦育种创新的重要贡献时，首先强调的就是其首次育成的半矮秆春小麦品种和创立的“穿梭育种”方法。

四、让“绿色革命”惠及所有穷人

受墨西哥农业奇迹的鼓舞，联合国粮农组织和洛克菲勒基金会邀请布劳格以先进农业技术帮助深受饥荒困扰的中东和南亚地区的贫困农民，让“绿色革命”惠及所有穷人。

1962 年，布劳格尝试向处在交战之中的巴基斯坦和印度推广新农业技术，但这一切并不顺利。首先，印度和巴基斯坦的官僚机构和本土文化拒绝接受外来的技术援助。几经努力，他与两国领导人进行了接触并讨论了技术推广方案。在时任巴基斯坦农业部部长的 Malik Khuda Bakhsh Bucka 和印度食品与农业部部长 C.Subermanium，以及 Swaminathan 博士等青年学者的帮助下，两个国家最终决定试用布劳格繁育的小麦新品种和创立的新农业技术。

当年，布劳格团队从墨西哥进口 450 吨小麦良种，其中，250 吨运往巴基斯坦，200 吨运向印度。但随后却遇上很多麻烦。起先是运输问题，由于担心第一批小麦种子走水路在墨西哥海关耽搁，他们选用货车先把种子运到美国洛杉矶。不料却碰上政治骚乱，美国安全部门关闭了去往洛杉矶的高速公路，只得绕路而行。当种子运抵洛杉矶时，布劳格得知墨西哥银行因来自巴基斯坦的支票有拼写错误拒绝接受该国10万美金的付款。反复交涉之后，种子最终装上货船运往印巴地区。可在货船出发12小时后，布劳格收到巴基斯坦农业部长的电报："很抱歉支票的错误给您带来的麻烦，但我现在也有麻烦，刚刚有个炸弹在我的草坪上爆炸。请耐心等待，钱就在银行……"印巴之间的克什米尔战争爆发了。几经折腾，布劳格他们已没有时间对试验种子进行测试，只好直接试种。一周后，布劳格察看时发现种子发芽率不到先前一半，原因是这批种子在墨西哥仓库中受到农药过度熏蒸。他立刻下令当地人双倍播种。耕作试验很快取得丰厚的回报，印巴两国当年的小麦大获丰收。两个国家欣然同意大量进口新小麦品种，借用一切可能的手段推广新耕种技术。

1966—1970年，印度和巴基斯坦小麦产量实现突破性增长。1968年，印度小麦大丰收，政府不得不把学校变成临时的粮仓。当年，美国国际开发署在其撰写的年度报告中写道：新的作物耕种技术在巴基斯坦和印度农业领域表现出重大进步，"看上去就像一场绿色革命"。绿色革命因此成为风靡全球的农业技术革命象征。1970年，巴基斯坦小麦产量从1965年的460万吨增加到840万吨；印度小麦产量也从1956年的1230万吨增加到2000万吨。

与之同时，布劳格的小麦增产技术通过其在国际玉米小麦改良中心培养的青年科学家陆续引进到埃及、突尼斯、叙利亚、伊朗、利比亚、约旦、黎巴嫩、土耳其、伊拉克、阿富汗、阿尔及利亚和沙特阿拉伯等地，有效地解决了各国的粮食安全问题。他的小麦育种技术也通过印度科学家斯旺米纳森、菲律宾国际水稻研究所的罗伯特·钱德、海瑞·比彻尔和古德夫·库什等青年科学家克隆到水稻等其他作物领域，取得了令人惊喜的成果。其中，由洛克菲勒基金会资助、在菲律宾水稻所繁育的矮秆水稻品种——“神奇稻”IR 8号水稻品种在当地 8 个村庄小范围试种后立即形成了鲜明对照，4 个交通便利的村庄农民的营养状况和生活条件得到戏剧性的改善。由于能让拥有小块土地的小农户产量翻番，新 IR 8 稻种就迅速在菲律宾等地传播开来，这反过来又使农民生活质量有明显的改善：婴儿死亡率降低，营养不良者减少，而且孩子，特别是女孩可以接受更多的教育。几乎同时，武装冲突和军事敌对迅速减少。

正是布劳格和这些青年科学家的共同努力，“绿色革命”很快席卷全球，并使 20 世纪后半期的许多发展中国家通过农作物产量的提高避免了大规模的饥荒，改善了贫困农民的营养状况。肯尼斯博士对此评论说，“布劳格和他的团队的到来及时地阻止了一场人道灾难，通过让印巴两国的粮食产量增加四倍，历史上两个食品短缺的国家在令人惊讶的短时间内实现了粮食自给，挽救了成千上万穷人的生命”。

五、获得诺贝尔和平奖

1970 年，诺贝尔和平奖委员会决定授予布劳格诺贝尔和平奖。10 月 20 日，当通知布劳格获奖的电话响起时，他正在墨西哥郊外一个偏远的小麦试验田里工作。妻子玛格丽特不得不坐车一个多小时去告诉他这个好消息，但布劳格拒绝相信。布劳格的传记作家伦纳德·比克尔在《面临饥饿》中描述了当时的情况：“他跟玛格丽特说他和助手还有许多工作要做，不能回去接电话，然后就回到试验田去记录数据。正是在那个地方，电视摄制组在两个小时后找到了他。”

1970 年 12 月 10 日，布劳格前往挪威接受诺贝尔和平奖，这对他来说意味深长。当年他的祖先因食物短缺不得不移民美国，现如今他却因在增加世界粮食供给方面的杰出贡献荣归故土。诺贝尔和平奖委员会时任主席奥瑟·利奥内斯在颁奖致辞时说，布劳格获此殊荣不仅仅是因为他学术上的贡献，更重要的是他利用农业科学技术让数亿人摆脱了饥饿和贫困。他“勇敢地战胜锈病和官僚体制，……他的贡献超越了我们时代的每一个人，他为饥饿的世界提供了面包”，“通过实验室和田间工作，他改变了世界粮食生产格局……给我们指出了充满希望的和平与生活方式——绿色革命”。

布劳格在诺贝尔和平奖颁奖演说中指出，世界文明的进步取决于为所有人提供有尊严的生活基础，没有充足的食品供给，社会公正等许多人类文明的诉求都将毫无意义。令人痛心的是当今世界两极分化，由富足的发达国家组成的“特权国家”，其占世界 25%—30% 的人口生活奢华，对外部世界的苦难缺乏感受；主要由发展中国家组成的“弱势国家”，其占世界 50% 的人口生活贫穷，难以摆脱饥饿和灾荒的威胁。绿色革命在墨西哥、印度、巴基斯坦等发展中国家的成功，虽然取得了“人类反饥饿和反贫困战斗的暂时胜利”，为世界各国应对二战以来出现的人口膨胀和随后凸显的环境和社会问题提供缓冲空间，但反贫困和反饥饿的任务依然艰巨，各国政府应增加农业研究的投入，以实现可持续的、人性化的生活方式，而不应将大量的钱用于研制核武器和有巨大杀伤力的武器。

获得诺贝尔和平奖给布劳格最大的触动就是认识到奖励对培养新一代农业和食品领域的科学家和领导者的重要性。他常给别人讲自己之所以被授予和平奖，是因为没有农业或反贫困和反饥饿方面的诺贝尔奖项。为此，他曾游说诺贝尔奖委员会设立农业和食品领域的奖项，但未能成功。1986 年，在卡尔顿·史密斯和通用食品公司的帮助下，布劳格创立世界粮食奖，以表彰那些对改进全球粮食品质和供给状况作出杰出贡献的个人。该奖项每年 10 月颁发给一位受奖人，奖金为 25 万美金。迄今，已有来自巴西、古巴、墨西哥、丹麦、塞拉利昂、瑞士、英国、美国、中国和联合国等许多国家和组织的科学家及农业变革的领导者获此殊荣。世界粮食奖的声誉和影响力不断扩大，已得到世界各国的公认，被誉为农业和食品领域的诺贝尔奖。

1989 年，当通用食品公司中止对奖项的资助时，布劳格的同乡慈善家和企业家约翰·瑞郎出面相救，捐助了当年度的奖金。瑞郎在解释其捐助动机时强调该奖项在预防世界粮食危机、推进第二次绿色革命中所发挥的重要作用。随后，他在布劳格的家乡爱荷华州的得缅因创建世界粮食奖基金会，邀请美国前总统吉米·卡特和乔治·布什等担任该基金会的顾问委员。每年 10 月，世界粮食奖基金会除组织授奖仪式外，还同时举办国际专题讨论会和全球青年研究论坛。近年来，已被命名为“布劳格对话”的专题讨论会，每年都吸引全球 60 多个国家的 700 多人聚集得缅因，共同讨论农业恐怖主义的威胁、即将出现的全球水资源危机、全球面临的营养过剩和营养不良的双重挑战以及生物燃料等重大问题。全球青年研究论坛则努力让青年学者和世界粮食奖得主等专家共同讨论解决世界饥饿问题的可能途径，以及他们作为未来的领导者应该承担的社会责任。

六、耄耋之年，壮心不已

1984 年，埃塞俄比亚出现饥荒，非洲数百万人面临饥饿。1985 年，日本造船工业基金会（现为日本基金会）董事长笹川良一邀请布劳格将亚洲绿色革命的经验推广到非洲，以消除各国普遍存在的营养不良和贫困问题。是年，71 岁的布劳格毫不犹豫地接受了邀请，并联络美国前总统吉米·卡特等组建笹川非洲协会。自 1986 年笹川全球计划 2000 启动以来，布劳格先后在贝宁、埃塞俄比亚、加纳、尼日利亚、苏丹、坦桑尼亚、多哥等 14 个非洲国家试验推广高产作物品种，向撒哈拉沙漠以南的非洲大陆的小农户推广以科学为基础的作物生产方法。在计划项目实施过程中，他十分重视优良品种和种植技术的引进，对农民的作物栽培示范和技术培训，注意发展与非政府组织（NGOs）、商业企业和各类国际发展机构的合作关系，并游说各国政府加强农业基础设施建设，结果使非洲各国的玉米、小麦、木薯、高粱等作物产量都有不同程度的提高。该计划在非洲取得的最重要成就可能是高营养玉米——优质蛋白玉米的研制和推广。该玉米良种经过墨西哥玉米小麦改良中心多年培育，由布劳格和笹川非洲协会迅速地推广到非洲许多偏远村庄。这一推广活动有望最终消除加纳、莫桑比克和其他非洲国家普遍存在的严重的婴幼儿营养不良现象，有效改善数百万儿童的生命质量。

布劳格的努力自20世纪80年代开始遭到某些环境保护主义者和社会经济评论家的攻击和批评。他们声称，“绿色革命”产生的问题比所解决的问题多，如大量生产和施用化肥导致农田氮磷流失、水源和土壤污染以及农产品品质下降等；其导致全球农业对单一作物的过度依赖；其对化肥的过度依赖为化工集团控制农业提供了便利，让小农户生产者流离失所；高产农业对农业生产资料的高投入，使大农场主成为主要受益者，使贫弱的小农户陷入债务泥潭，最终失去土地或者土地使用权；等等。一些环保组织甚至反对布劳格在非洲的增产计划，促使洛克菲勒基金会、福特基金会和世界银行停止其在非洲的农业项目。所有这些批评意见和挤压行为并没有让布劳格就此止步，反而使他以更坚定的信念倡导和推进农业生产技术革命，依然精力充沛地去游说各国政府增加对农村基础设施、农业研究和教育的关注和投资。他深信，这些努力对成就下一次“绿色革命”，彻底消除10多亿人的营养不良和终结大规模的生活贫穷是绝对必要的。当然，他也理性地承认这些批评意见对环境和社会问题的关注具有一定合理性，开始探索和倡导更合理的化肥和杀虫剂使用方式，积极推进环境友好的农业新技术创新活动。

20世纪90年代以来，布劳格十分关注生物技术的前沿发展。他认为，基因工程是未来育种的方向，是对常规育种的补充而不是替代。转基因作物技术蕴含着巨大的发展潜力，其在全球的广泛种植就是最有力的证据。他在许多场合极力倡导农业生物技术，将其视为改善依然处在脆弱的粮食供给体系中的穷人的营养状况的关键工具。他梦想有一天能在水稻中发现可抑制秆锈病的基因，将它转移到小麦和其他作物以彻底解决小麦锈病等作物病虫害。面对社会各界对转基因作物的质疑，布劳格强调必须依靠科学和研究来回答转基因生物（GMO）食品是否造成环境风险等问题。他说，推进新一轮“绿色革命”，不仅需要新颖种子和其他农业投入，还要改善教育条件、交通设施和公民的科学素养。布劳格对包括国际玉米小麦改良中心在内的农业研究机构中的公共投资下降的趋势十分关注。2002 年 6 月，在罗马世界粮食峰会上，他和所有在世的世界粮食奖得主联合发表了一项声明，呼吁各国扭转农业研究投入减少的趋势。

1999 年在乌干达发现的秆锈病强毒性新小种 Ug99 引起布劳格的高度关注，他呼吁各国增加对小麦锈病的研究投入。在他的努力下，国际玉米小麦改良中心和国际干旱地区农业研究中心联合主要小麦研究国家成立了布劳格全球锈病协作网，盖茨基金会启动了“持久抗锈小麦”项目。2009 年 3 月 17 日—20 日，布劳格主持了协作网在墨西哥奥布雷岗城举行的学术研讨会，并在主题发言中呼吁全世界小麦研究者重视抗锈育种。

晚年的布劳格十分重视对青年农业科学家的培养。除在世界各地参加学术会议和进行演讲，向年青一代传达他对科学的热情和教育改变人生贫困的信念外，他还在得克萨斯州农机大学担任该校土壤和作物科学系的教授。他在给青年人讲演时经常援引托马斯·杰斐逊的话反问道：“舒适和安全是否是减缓心灵挑战的良药？当丰衣足食和身体安逸时，一个国家是否也会和人一样缺乏进取？”为了激发青年人对全球农业和食品安全问题的关注，他和瑞郎创立了世界粮食奖青年研究院，设置了旨在为青年人提供“心灵震撼”的国际学生实习计划，每年选派十多位杰出中学生在巴西、中国、哥斯达黎加、埃及、埃塞俄比亚、印度、印度尼西亚、肯尼亚、马来西亚、墨西哥、秘鲁、菲律宾、泰国等地的国际农业研究中心进行为期 8 周的暑期实习。他期望这些有幸参加国际农业实习的青年志愿者在直面第三世界贫困现实之后能形成“改变人生的体验”，树立起以推进农业和食品技术创新改变世界苦难的远大抱负和理想。

七、布劳格对中国农业的关注

早在 20 世纪 60 年代，布劳格培育的春小麦品种就通过巴基斯坦传入中国，与中国本土的小麦品种杂交选育后直接推广使用。1974 年，布劳格以美国科学院作物科技代表团成员的身份访问中国，确立了中国与国际玉米小麦改良中心建立长期合作关系的基础。改革开放以后，布劳格先后 20 余次造访中国，到过许多地方，从最初的小麦种植区到玉米和其他农作物主产区。所到之处，他都会主动与农民交谈，鼓励农民采用新农业技术。在这期间，他目睹了中国农业所取得的巨大成就。他认为这种变化应归功于中国政府在植物营养管理战略上的调整——从依赖粪便的有机循环转向建造小规模的肥料厂和进口化肥，以及许可购买大规模的氮肥厂等。在布劳格的支持下，时任中国农业部部长的何康因其在快速推进中国实现粮食自给政策中的突出贡献而荣获 1993 年世界粮食奖。

布劳格和中国育种研究机构保持着广泛联系，在小麦、玉米育种研究，农业种质资源库建设和科学家培养等方面都给予中国很大帮助。他在中国科学界和农业决策层有很多朋友，他是中国农业大学娄成后教授留美时的同学，与中国农业部前任部长何康、中国农业科学院王连增研究员等都有密切交往。1994 年布劳格成为中国农业科学院名誉研究员，1996 年当选为中国工程院外籍院士，1999 年被授予中国农业大学荣誉教授称号。

布劳格十分关心中国的农业生产和科研教育工作，充分肯定中国农业发展为世界和平作出的重要贡献，在许多场合对“谁来养活中国”的言论给予有力回击。他曾多次访问中国农业大学，对全校师生作了“环境因素对未来世界谷物生产的负面影响”（1999 年）、“21 世纪农业：中国研究与发展展望”（2000 年）、“养活一百亿人口——21 世纪的挑战”（2004 年）等多场专题报告。他十分关心中国西南地区的小麦条锈病问题，几次致信温家宝总理和农业部、科技部部长，请求设立培育抗锈品种的科技专项。2009 年，当中国农业科学院的何忠虎研究员在墨西哥见到布劳格时，他依然在询问中国四川抗锈育种的进展情况。

拳拳之心，殷殷之情，真是感人肺腑。谨让我们以此来深切追念这位终身致力于以农业科学技术改善穷人福利、促进世界和平的伟大的农业科学家和人道主义战士。

（作者：李建军　滕　菲　黄晓行）

奥尔多·利奥波德

生态整体主义的思想先声

奥尔多·利奥波德

（Aldo Leopold，1887—1948）

奥尔多·利奥波德是美国著名的环境保护主义者和环境保护的思想先驱，被誉为“保护野生生物之父”“美国野生生物管理之父”“美国的先知”和“一个热心的观察家，一个敏锐的思想家”。他在环境伦理学和生态思想史等领域声誉显赫，影响深远。在人与自然关系日趋紧张、生态环境危机日益深重的当代，重新深度挖掘并深层解读其以《沙乡年鉴》特别是其中的《土地伦理》为代表的生态整体主义思想精华和理论品质，有利于人们全面深刻透视土地伦理之坚实的现实基础、深厚的哲学意蕴与纷繁的学术之争，具有理论与实践的双重价值。

一、生活经历与学术著作

利奥波德在长期与大自然亲密接触并积极投身环境保护主义的过程中，形成了远远超越那个时代的以土地伦理思想为重要标志的生态整体主义环境伦理思想。

1. 家庭环境熏陶与自然环境影响

1887 年 1 月 11 日，利奥波德在美国衣阿华州伯灵顿一个德裔移民家庭出生。家境殷实经济富足，为其从事所热衷的研究提供了物质基础。外公查尔斯·斯达克曾担任过伯灵顿首家国家银行负责人，继而就任伯灵顿贷款与建筑联合总裁，是当地经济政治领域的重要人物，且对自然、历史兴趣颇深，拥有哲学与艺术天赋。不仅如此，他还身体力行，尽其所能维持自然本来面目，为此，每年春天他都带领家庭全体成员参加植树活动。斯达克倡导修筑的卡彭公园曾是伯灵顿市的骄傲与美国最美丽的风景之一，他家被描述成“鸟的乐园”。父亲卡尔·利奥波德拥有一个课桌生产公司，且十分酷爱探险，在体验大自然的过程中对林业与自然资源管理以及狩猎政策而导致的一些稀有物种灭绝忧心忡忡，率先批评狩猎经济的浅视做法，并在教育子女的过程中始终贯穿着博物学理念。在外公与父亲影响下，利奥波德幼年就喜欢野外探险，记录观察到的动植物，获得了大量野外知识，对自然产生了浓厚兴趣。他 11 岁开始涉猎鸟类，13 岁跟随父亲打猎，但严格遵循父亲制定的不滥杀动物的狩猎原则。母亲克兰瑞·斯达克热爱户外运动，喜欢音乐，在利奥波德上学期间，母子通信尽可能使用艺术形式，使其能用感性态度去看待自然界的一切。家庭熏陶促进利奥波德养成独立精神与保持对户外生活的乐趣。而其故土伯灵顿位于密西西比河畔，是美洲大陆 1/4 野鸭野鹅一年一度迁徙的必经之地，野生动植物丰富。荒野、牧场、河畔等是利奥波德的天然野生动物乐园。这些因素成为其后来整合土地伦理思想的重要考量。

2. 学习工作经历与思想观念转变

伴随利奥波德学习工作历程的转换，其思想经历也从保护主义向保存主义转变。1905 年，利奥波德进入当时唯一设有林学专业的耶鲁大学林学院学习，1908—1909 年攻读林学硕士学位。在林学院，他一方面学习林业知识，广泛涉猎关于林业和户外休闲的书籍——罗斯福的《美国猎人的户外娱乐》、格林的《美国林业原则》以及罗斯的《林业的第一本书》，此外还通读达尔文的著作；另一方面，他加入林务员俱乐部，开始规划长途徒步旅行以致力于户外调研考察。而耶鲁大学使利奥波德领略了先进思想并丰富了知识，增长了才干，使其接触到更广阔的世界，并开阔视野，把观察视界从家乡、学校拓展至整个美国。这不仅为其以后的工作打下了扎实基础，而且对其整体主义环境伦理思想的形成至关重要。户外考察使其对社会立场、学校生活与自身价值开始全面反思与深入思考。其中，最大的收获就是切身感受到“不仅要对父母家庭负有责任，而且还要对社会、自然、自身以及逼近自身内心深处愿望同样负有责任，并且以履行此责任为荣耀”。

1909 年，利奥波德毕业后成为联邦林业局亚利桑那白山地区林务官，并为放牧许可、用水权和买卖木材权决策提供建议策略。他在业余时间里更是勤奋刻苦，不仅对所到地区的自然与人工特征以及生长树木数量和类型进行细致考察，还绘制了翔实的区域地图，并与朋友深入探讨与研究森林保护主义哲学。其显著业绩便是 1912 年被提升为新墨西哥州北部卡逊国家森林执行监管，其原因是他很好地解决了令人愁扰的放牧许可申请问题。1915 年 9 月，他编写的《钓鱼、狩猎手册》出版。在国家林业局支持下，利奥波德组织建立了亚利桑那州和新墨西哥州地区狩猎保护委员会。但总体而言，他此时还只是美国林学家吉福特·平肖“明智利用式”资源保护运动的信仰者与追随者，不仅对资源保护主义者所鼓吹的保护主义原则（即把资源分为“有用与无用、有利与无利”的原则）坚定不移地信仰，而且还进行政府关于肉食动物控制的切身体验，参与白山地区灭绝灰熊与新墨西哥州灭绝灰狼的活动。

1917 年 7 月，因其在野生动物保护运动中贡献突出而被授予豪纳德野生动物保护永久基金会金质奖章。利奥波德学以致用，不断探索并提出新管理办法，深得同事的肯定与赞赏："他拥有非凡的想象力，能够熟练灵活地运用各种理论，拥有对事物进行科学决策的激情，想要推翻那些建立在片面观察基础上的理论，学习水平很高，是一个知识丰富、爱好广泛、不知疲倦的工作者。而他最大弱点是无法较好地处理人际关系，某些思想与工作方法与林业局现有观点和期望相悖。"1921—1924 年，利奥波德在西南部地区从事林业管理监督与巡视工作时注意到西南部土壤侵蚀问题，认为其原因不仅在于自然的变化，而且人对土地不明智的使用也是至关重要的原因。而解决途径在于人类应从总体上去尊重土地，不仅把土地当作可供使用的资源，而且看成具有生命的存在，树立起一种使用土地的责任感。1924 年，林业局研究并采纳了利奥波德的合理建议，美国新墨西哥州大毒蜥野生自然保护区得以诞生，此举比美国著名的野生动物保护计划（法案）还早 40 年。

1924 年，利奥波德受林业部门调遣，迁往威斯康星州麦迪逊市，成为林业产品实验室副主任。此阶段是其对原有的功利主义保护思想产生质疑，并毅然与之决裂，且提出其超越时代的新思想——保护荒野的关键时期。但由于从保护到保存思想之转变完全背离了林业局政策指向，也因其不满林业局那种完全从经济利益出发的林业管理思想，他不得不在 1928 年 6 月辞去国家林业局职务，专门致力于野生动物管理研究，并成为这门学科的创始人。此后4年时间，利奥波德喜获一次在美国体育器械制造商协会资助下对野生动物现状进行系统调查的机会，其调查范围广涉俄亥俄州等9个州。这使其有机会进一步探索科学的野生动物管理方法。在此次活动中，他惊奇地发现沿布鲁河两岸近九成的可耕之地被水冲蚀，特别令其痛心疾首的是，他曾去过的西南部30条河流中，有27条已经被彻底毁坏。这引发了他对环境的深度反思与深刻反省，他由此开始关注环境的内在联系，特别是人的行为对环境的深远影响。他进一步感到要树立一种新意识——重新认识人与土地关系的必要性。1930年完成并于次年出版了熔铸其思想转向与新管理理念的报告《关于北部各州野生动物的调查报告》，此报告填补了野生动物管理中的许多空白。在报告中，利奥波德不再将野生动物管理视为单纯为保持猎物数量而采取的行为，开始深入反思野生动物管理政策存在的问题、管理方法应用、各物种之间相互关系、不同物种在自然界中的不同地位。此时他虽然还不能完全理解捕食动物的生态价值，但其思想已逐渐发生转变。

1932年3月，利奥波德终止与美国体育器械制造商协会的合同，而致力于生态学与保存主义哲学研究，1933年编写出野生动植物管理领域第一本教材《野生动物管理》。该书由于受经济萧条冲击未能如期出版。但此时美国野生动物保护事业已发展到一个新阶段，人们已用“野生动物”取代“猎物”一词并开展一系列相关研究。利奥波德也不再把物种区分为有害与无害，并最终彻底放弃出于经济目的而进行野生动物管理的观念，开始强调野生动物的整体价值，建议纠正整个国家对土地及其生命的传统观点，给予所有物种以关注并将其纳入保护范围内。户外野生动物考察为其土地伦理的形成起到了关键作用。1932 年 10 月，利奥波德开始在威斯康星州野生动物保护协会工作。1933 年，罗斯福执政并聘其为公民保护联合会助理，参与水土流失治理工作。

1933 年 7 月，利奥波德不仅荣升为威斯康星大学农学院野生动物管理项目负责人，且幸运地荣任美国历史上第一位野生动物管理教授并从此主持“猎物管理”讲座 14 年之久。1934 年 1 月，参与全国野生动物保护政策制订、担任森林政策委员会主席与《林业杂志》特约撰稿人和副主编。1935 年 1 月，他与环境史学家马什等共同组建“荒野学会”并担任学会主席，创办会刊《生机勃勃的荒野》。利奥波德认为，这个学会的成立具有思想和政治的双重意义，标志着一种新态度——人对自然的谦恭意识。他亲自指导梅尔湖地区农民自发进行野生动物保护工作，并在许多地区进行演讲。同年秋天，他去德国考察林业和野生动物管理，被当时德国的高度人工化管理体系，以及从生态和审美角度上所付出的费用，特别是对鹿、森林的尊重态度所打动。1935 年 4 月，利奥波德在威斯康星河畔购买了一个荒弃了的农场，并着手恢复其生态环境。正是在此过程中，他形成了一种高尚对待土地的谦恭态度，并深切感受到人们需要彻底改变对待与使用土地的傲慢态度。1936 年，他担任美国野生动物协会主席的助手，随后又担任美国野生动物保护协会技术分会主席，同时担任美国林业协会副理事长。工作实践使利奥波德得以验证当时盛行的环境管理政策中的一些失误，使其不断思考与探索热爱和尊重自然的有效路径；大学教书生涯拓展了他的思想视域，这都为其土地伦理的提出创造了有利条件。1943 年，他放弃自童年起便养成的户外狩猎爱好，开始潜心梳理与总结自己的所有论文，并在这一时期完成了思想的彻底转变。1948 年 4 月 21 日，邻居的农场起火，利奥波德在奔赴火场救火途中因心脏病猝发而去世。至逝世前，他一直任美国生态学会理事长。

3. 相关学术著作与生态整体思想

利奥波德一生共出版 3 部著作与大约 500 篇文章。著作《钓鱼、狩猎手册》（1915）规定了森林管理官员在狩猎管理工作中的权力与义务，希望林业部门把保存物种多样性作为首要职责并提供可能遇到的猎物种类，进一步证实自然界除食肉动物外存在于其中的每个森林物种都具有经济和生态价值，物种的价值不仅在于数量而且在于其种类。《关于北部各州野生动物的调查报告》（1931）填补了野生动物管理中的许多空白，书中集中展现了美国各地野生动物管理的现状，揭示了由于历史上野生动物管理政策失误和保护方法不当所带来的严重后果。《野生动物管理》（1933）被称为“野生动物保护专业的圣经”，该书以整体主义生态世界观为指导思想，首次把动物学、生物学、森林学和生态学放在一起讨论，是野生动植物数量管理和恢复的基本技能与方法。这一划时代著作创造了一个新的学科，包含林学、农学、生物学、动物学、生态学、教育学和信息学。《沙乡年鉴》（1949）全书分为三部分：第一部分“一个沙乡的年鉴”包括 21 篇小品文，是其一生观察自然的结晶，按照 1—12 月的时序描述了一个荒弃沙乡农场的不同自然景象。作者在描述中深度注入对自然的崇敬与赞美之情。第二部分“随笔——这儿和那儿”生动描述了利奥波德前后 40 年在美国各州和墨西哥等地区的游历见闻，通过对各地动植物、山川之考察，进一步就资源保护存在的问题给予陈述，为保护主义的各种问题提供了一个标识。第三部分“结论”共收录 4 篇文章，是全书思想的浓缩，分别从环境美学视野、文化传统立场与生态伦理维度深入追述与系统探讨人与自然之复杂关系，其中最后一篇《土地伦理》是利奥波德思想的基石。该文全面深入阐释了其土地伦理思想。美国环境史学家唐纳德·沃斯特评价道:《土地伦理》“更标志着生态学时代的到来；事实上它也将被看作是一种新环境理论独特而极简明的表达”。

蕴含着生态系统自然状态至上与生态承载限度标准等重要观点的《荒野及其在森林休闲政策中的地位》一文在 1921 年《林业日志》上发表，标志着美国人对土地、土地的发展与其价值认识的重大转变。写于 1923 年，直到 1979 年才发表的《西南部地区资源保护的几个基本问题》一文，首次系统探讨了土地伦理的可能性问题。要求人们应从自然与生态价值角度重新评价自然，指出“人类不能将美与完整性、质量和数量、现在和未来分割”。《自然保护伦理》以“生态学和经济学”为小标题在 1933 年 5 月《林业杂志》上发表，该文从道德进化角度探讨从道德上关怀土地的可能性，指出人类伦理标准从只涉及人与人的关系发展至个人与社会的关系，但尚缺少人与自然关系的伦理标准。“土地，像奥德修斯的女奴一样，仍然被视为人类私有财产，而人与土地关系被严格界定为经济关系。”他进一步建议，如果人类能够正确理解进化，那么伦理标准应当扩展至整个自然界。“土地伦理带来一种对待自然的科学方式，一种高水平的生态学上的老练和一种生物中心论的、与占主导地位的对待土地利用的经济学态度相对立的公有伦理。”

二、土地伦理思想来源与理论内涵

贯穿于利奥波德“土地伦理”中最具特色的生态思想莫过于其首倡并大力宣传的生态整体主义思想，它的发展与完善逐步使其成为当代生态整体主义环境伦理世界观与方法论的核心理念和价值取向。

1. 土地伦理创立之主要思想来源

利奥波德是热心的观察家、敏锐的思想家与造诣极深的文学巨匠。其土地伦理思想的问世既具有一定的时代背景，又深深根植于理论沃土之中。奥彭斯基的整体主义哲学观、达尔文的进化论、埃尔顿和坦斯利等的生态生物学是其土地伦理学得以创立的主要思想基础。

苏联哲学家奥彭斯基与利奥波德几乎完全生活在同一时代。在著作《第三有机体》（1912）中，奥彭斯基认为，自然界中没有任何事物是僵死的或机械的，生命与感觉，肯定存在于所有事物之中。一座山、一棵树、一条河、河中的鱼、水滴，它们每一个都拥有自己的心灵。他还宣称，“任何一个不可分割的存在，都是一个有生命的存在物”。利奥波德从奥彭斯基的相关论述中得到启示，其“像一座山那样思考”的格言可能是对奥彭斯基“一座山的心灵”回应，认为地球是有生命的，“当晨星在一起鸣唱时，它就变苍老了，但当我们中的最后一个都在冥界与父辈团圆时，它仍很年轻”。

从人与自然关系维度审视，进化论勾勒出了自然界的“生命之网”，尤其是使隐蔽于生物界之中的动植物之间的内在联系与制约关系鲜明地展现在人类面前，其最重要的理论贡献是对人在自然中的位置作了科学阐释。《物种起源》揭开了生命起源与物种演进过程之谜，并标志着承认人类道德是由上帝赋予的这一理念的终结；而《人类的由来》撩开了生命之谜的最后一层面纱，首次摆正了人类在自然界中的位置——源于自然，与其他动物一样具有基本的同一性并始终置身于自然之中，而不是像各种形式的人类中心主义与神秘主义所宣称的在自然之外与之上。而人类文明程度愈高，道德视野就愈宽广，其同情心也愈广泛。诚如达尔文所指出的：“道德是不断进化的，随着时间的推进，道德体系的范围必然从包括较小的部落扩大到较大的共同体，……‘对低于人类的动物施于人道’，实现‘对所有生物的无私的爱’。”

生态学是研究有机体彼此之间以及与其整体环境之间是如何相互影响的学问。共同体、生态系统与整体是其关注的中心。这一整体主义倾向成为环境伦理学生长的沃土，而利奥波德则是自觉看到并且深度领悟两者关联的首批生态思想家之一。其实，利奥波德于20世纪30年代早期从政府部门向学术机构转向之时就与著名的生态学家埃尔顿建立并保持长期友好交往，利奥波德的著作就明显地汲取了现代生态学发展的最新成果，他从生态学发展中不仅借用了生态金字塔、食物链、能量流、小生境等表达生态学的典型概念，而且随着时间的推移，也日益接受了关于共同体、生态系统与整体的生态学理论观点，为其土地伦理学提供了科学基础。

此外，利奥波德还从哥白尼天文学中汲取营养，秉承美国先验主义与自由主义文化传统并发扬光大，提出了超越时代，彰显生命与环境协同进化的生态之美，以及生态系统与道德共同体扩展有机结合的土地伦理学。

2. 土地伦理构建的基本理论内涵

《沙乡年鉴》中的土地伦理观，是西方文献中第一个自觉系统地尝试创立整个地球生态环境并将其作为一个共同体置于环境道德视野的伦理理论。土地伦理学对土地共同体伦理地位的彰显、对环境伦理情感基础的强化、对环境美德伦理的呼唤，为我们理解和建构当代环境伦理学提供了一个独特视角。

一般而言，伦理学属哲学范畴。利奥波德却极具新意地尝试从生态学维度界说伦理学，将其定义为在生存斗争中对行为自由度的一种制约。利奥波德认为，无论是生态学还是哲学，伦理表达的都是一个相互依赖的个体或群体趋向于全体的进化模式。相互作用、相互依赖、相互影响的各个部分的个体所组成的整体——共同体，是其存在的基本单位。作为共同体成员，虽个体为在共同体中有一席之地而出自本能地去进行竞争，但趋于长期合作却是出于伦理观使然。而“土地伦理只是扩大了这个共同体的界限，它包括土壤、水、植物和动物，或者把它们概括起来：土地”。“共同体”在土地伦理中是其核心范畴之一。此举的意义在于：首先，从人的生物属性和自然存在出发，要谦逊而合理地摆正人在整个自然界中的生态位，从而形成人首先是生态系统中普通甚至平等的一员之观点。人应该而且必须自觉意识到是土地共同体的特性决定着生活于其上的人的特性，而非相反。其次，在共同体范围内不但包含多种关系，而且从道德层面来看，其包括的伦理关系是多重、多维和多样的，既涉及人与人之间的关系，又内含了人与动物、植物之间的关系，更囊括了其他各部分与共同体自身的关系。由此“土地伦理是要把人类在共同体中以征服者面目出现的角色，变成这个共同体中的平等的一员和公民。它暗含着对每个成员的尊敬，也包括对这个共同体本身的尊敬”。也就是说，就生物属性与自然存在层面而言，人只是生态系统中的普通一员，但从社会属性与文化存在层面来说，人以其所掌握的对生态环境有深远影响的科技能力又使其与共同体其他成员迥然不同，尤其是技术力量越强大，就越需要用土地伦理对其加以约束、限制、引领甚至强制性规范，以期在人类与地球之间建立一种更公正合理的和谐关系。利奥波德宣称，《沙乡年鉴》的基本目标就是帮助土地从技术化了的现代人的控制下求得生存。在我们看来，“人的社会属性和文化存在是人区别于其他生命体的根本标志。……人和其他生命一样也同样参与自然生态系统的物质循环、能量转换与信息交流。不仅如此，只要人类社会存在，无论其科学如何进步、文化何等发达，也永远具有这种生物属性！”

3. 伦理演进过程与土地伦理基础

利奥波德认为，自有人类文明史以来，伦理关怀始终限于人际之间，历经了两个时期。第一时期主要是关涉个体之间的伦理关系，典型范例是“摩西十诫”，它不仅奠定了基督教道德基础，而且被称为西方伦理学史上的“黄金定律”；第二时期是将其范围扩展至调整个人与社会之间的关系，如基督教《圣经》中的金科玉律、社会层面中的民主等，但还未孕育出协调人与土地之间的伦理观。现在伦理由人际到人与环境之间延伸已成为进化中的可能性和生态上的必要性，这也是伦理进化的第三时期。土地伦理就其实质而言，内含了对人类改造环境能力的一种限制约束，这样产生的积极作用是一方面利于维护人的生存，另一方面益于保护其他物种必要的生存权利。利奥波德清醒地意识到把道德引入人与环境关系中的诸多障碍，认为在其所处时代资源保护运动尚未触及道德行为根基的根本原因，在于那个时代的哲学与宗教未能把社会良心从人扩展到土地。他宣称，如果没有一种智识重心、忠诚、情感和信念方面的内化，道德观上的重大变化将永远无法完成，即道德情感是土地伦理学的一个重要基础。利奥波德的土地伦理“是第一个在现代西方文明中保持并有系统地企图发展伦理学理论的自我良知，即那种在道德观意义上包括非人类自然实体和自然整体在内的理论的自我良知”。但他也知道要实现态度与价值观的缓慢转变，毕竟道德体系构成要素是理想而非对人们实际行为的描述。他相信，“我们永远也不会完全实现人与大地的和谐，就像我们不会为人们求得彻底的公正与自由。对于这些远大的抱负，重要的不是去实现，而是去追求”。

4. 伦理评价标准与人类道德义务

传统伦理学以人类利益为基点，以功利主义经济价值为评判尺度，而利奥波德却反对对土地采取某种经济的、过于实用的功利态度。他认为，价值应当是指超越经济层面的某种更高含义，也就是哲学层面的价值。“当一个事物有助于保护生物共同体的和谐、稳定和美丽的时候，它就是正确的，当它走向反面时，就是错误的。”这便简明扼要地概述了土地伦理的全部内涵，也可以将其看作人与土地关系的伦理标准。“和谐、稳定和美丽”是对人类维护生物共同体提出的必要条件，三位一体而不可分割。其中的“和谐”是指对共同体的整体要求，不仅是其形态功能完整，而且还要求其尽可能地保留至今尚存的一切生物物种之多样性；“稳定”主要是从结构功能方面对共同体提出的要求，不仅要求土地内在深层结构的完整有序，维持其内部复杂结构的完好无损，而且更为重要的是还要使其系统结构能够发挥其自我更新的最优或最佳功能；而“美丽”则主要从伦理层面予以限定和规范，即道德上的内在动力，进一步讲是指超越经济利益的更高的价值观。此判断标准的提出是利奥波德对人类也是对整个地球的重大贡献。土地伦理的确立不仅标志着人类思想几经发展终于冲破了传统绝对人类中心主义思想的藩篱，而且标志着人类可以从生态层面来深度反省人与自然的复杂关系，置身于生态整体主义的宏阔视域来思考问题，这表明生态整体主义价值与理念从此在人类思想史中驻足并彰显其魅力。显然土地伦理学是生态学上的事实判断与伦理学上的价值判断相结合的产物，生态学认识论上的整体主义已暗示了伦理整体主义。土地伦理整体主义的方法论进路是不直接赋予植物、动物、土壤和水这类具体存在物以相应的道德地位。其道德价值与伦理地位主要取决于它在维护共同体本身的“健康”或“善”的过程中所持有的相对价值。这表明肯定共同体整体价值就必然包含着对共同体成员价值的肯定，但土地伦理学对个体生命伤害之必要性并没有持完全否定的态度与意向。“一种土地伦理当然不能阻止对这些‘资源’的宰割、管理与利用，但它却宣布了它们要继续存在下去的权利，以及至少是在某些方面，它们要继续存在于一种自然状态中的权利。”这表明那些与人共享这个星球的生命形式被允许生存下去。这是一个有关生物权利的问题，而不管它们对我们是否有经济上的好处，这意味着“我们对土地负有某些义务，这些义务超越也高于那些受自利原则支配的义务，这些义务建立在这样一种认识之上：人与大自然的其他构成者在生态上是平等的”。这样，利奥波德就完善并发展了广延伦理理念且走到极致，即关注生态系统、环境或土地。依照利奥波德的生态整体主义观念，在其思想视野之内的有机个体（包括个人），在地位与重要性上总是低于其他所崇尚的生物共同体。关于生物权利的这一观念是《沙乡年鉴》的思想炸弹，是把利奥波德思想与美国传统资源保护思想区别开来的因素。虽在扩展伦理学的范围方面，利奥波德“拥有许多思想前辈，但我们仍然有理由认为，他的思想是现代生物中心论的或整体主义的伦理学的最重要的思想源泉”。

为了更好地帮助人们理解土地共同体以及解释系统内部各因素之间的相互关系，利奥波德提出一个生态系统的模式——土地金字塔模型。这是一个由生物与无机环境组成的高度组织化结构。居于塔基的是土壤，向上依次为植物层、昆虫层、鸟类和啮齿动物层、更高的食肉动物层。人类是这座金字塔的高度和复杂的成千上万的增添物中的一种。土地金字塔内部存在物质交换与能量流动，其正常运转取决于两点：其一是内部结构之多样性与复杂性；其二是各组成要素间的合作与竞争。按照生物共同体的属性，人对其义务可具体化为两点：一是维持共同体结构上的复杂性，其前提与基础是保持生物在种类与数量上的多样性；二是生物共同体虽然是一个可以自我调节的系统，但它的这种调节需要较长的时间，因此，人对生物共同体的干预不应过于剧烈，人为改变的激烈程度越小，金字塔自我修复的可能性就越大。

利奥波德的土地伦理思想是对传统绝对人类中心主义的反叛与颠覆，是对西方长期以来坚守并顶礼膜拜的“主客二元”思维方式发出的冲击与挑战，《沙乡年鉴》成为人类生态思想界有效推动环境运动深入发展的历史界碑，真正凸显了生态整体主义环境哲学理论及其生态伦理思想的时代张力！

三、赢得声誉、带来诘难和拥得辩护

利奥波德是现代环境伦理学的开创者之一，其崇高声誉归于《沙乡年鉴》中土地伦理所作的关于生态整体主义的精要阐释。这既为他赢得重要的学术荣誉，又带来质疑甚至诘难，也拥得持续辩护发展。

1. 相关学术评价与唤醒环境意识

在唤醒和提升人类的环境意识层面，美国环境史研究的开拓者和权威学者福莱德认为，“《沙乡年鉴》是首当其冲（首开先河）的，因为它表达了一种几乎是不朽的关于人和土地的生态及其伦理观”。梅尼认为，“土地伦理”一章是沙郡县环境问题“要点之要点”。斯特格纳认为，《沙乡年鉴》是一本先知预言书，表达的是美国式以赛亚的声音。而激进环保组织“地球优先”协会创建人士弗尔曼认为，利奥波德著作不仅是最重要的环境保护著作，而且是有史以来最重要的著作。杜博斯称《沙乡年鉴》是美国资源保护运动的圣书。科利考特称利奥波德为“现代环境伦理学之父或开路先锋”。凡·雷恩西勒·波特在 1971 年将自己主编文集中的第一卷献给利奥波德，称之为“预见到把伦理学扩展成生物伦理学”的思想先锋。唐纳德·弗莱明称其为“20 世纪 60 和 70 年代新的资源保护运动高潮的摩西”。卡尔认为，利奥波德是首位“撰写资源保护伦理，接着又撰写土地伦理的人”。利奥波德的确独辟蹊径，独树一帜，从伦理道德层面与哲学高度解读环境问题，把环境问题的解决归于价值观转向问题，在人与自然关系上摒弃“明智利用”的功利主义方式，代之以人是自然之中普通一员，对自然要自觉建立起谦恭意识。基于此，著名学者马洛里将其对当代的贡献概括为“环境伦理的起源与对持续发展具有巨大的影响”。

2. 环境主义时代与环境保护实践

利奥波德的土地伦理观是 20 世纪最具影响力与超越时代的生态整体主义的思想先声。土地伦理思想的问世，不仅表明人类对于生态环境的认知以及人在自然之中的地位之思考上升到前所未有的高度，而且也全面而适时地表征了“环境主义时代”的到来。随着时间的推移与思想的涤荡，土地伦理已成为现代环保运动的思想动力和理论旗帜。更为难能可贵的是，土地伦理中的生态共同体概念与生物区系金字塔模型不仅在学理上观点新颖、内涵丰富，而且在实践中方法卓著、成效显著。其典型案例有：金索尔夫曾试图把生物金字塔原理运用到有机农业中；南尼·洛雷基于生物金字塔机理，采用“综合性害虫控制”方法使庄稼免于虫害，这是战后美国对于农业中化学制剂过度使用的一种安全的替代办法。土地伦理之所以随着时间推移其影响力与日俱增，关键节点或许是在某种程度上把握了我们这个时代所遭遇的环境问题之本质。它不仅在学理层面上集生态学与伦理学理论于一身，而且在实践过程中日趋成功地引领时代，从而最终能够得到战后美国环境运动甚至国际环保工作的青睐与赏识。此外，它是现代环境学理论中最有力与值得信赖的分析范式与方法，因而无可辩驳地成为环境政策与环境运动的理论基础。

3. 民间环保组织与唤醒生态良知

美国野生生物学会为纪念与褒扬利奥波德，尤其是其作为野生生物管理科学的奠基人方面的成就，而特意设立了利奥波德铜质奖章年度奖，其目的在于激励人们更多地了解与深入研究野生生物管理科学，以期在实践中更好地关注与保护野生生物。利奥波德的土地伦理思想在美国政界也产生了深远的影响，时任美国内政部长的斯图亚特·尤道尔曾经直言不讳地表述了下列重要思想：“如果我们挑选一本书，它既包括美国人对地球的挽歌，又包含对一种新的土地伦理的呼唤，那么，我们内政部的大部分人都会把票投给奥尔多·利奥波德的《沙乡年鉴》。”为了秉承父亲的土地伦理价值观并将其发扬光大，1982 年，利奥波德的 5 个子女成立了非营利性的民间环保组织——利奥波德基金会。其基本任务是向社会各阶层有效传播土地伦理学，尤其是利奥波德所首创并对后世产生显著影响的生态整体主义思想及其价值理念，希冀以此增进民众对“健康土地”之理解服务与培育，以期分享利奥波德思想遗产，唤醒国民生态良知。1987 年 1 月，美国议会两院和各环保组织都隆重举行了利奥波德诞辰 100 周年纪念活动，参议员卡斯登在他的议员席声明中公布大会一致通过了关于对利奥波德评价的决议，公认其为“当今无愧的自然保护之父”。

4. 社会传播力度与学术思想影响

随着时间的推移与环境运动的深入发展，利奥波德的思想火炬燃遍世界各地，并为全球环保起到思想启蒙甚至精神引领作用。时至今日，《沙乡年鉴》仍被美国纽约公共图书馆评为“20 世纪自然写作领域十大好书之一”，在美销售量超过 100 万册，并被陆续译成俄、日、法、德、中文。很多大学开设了环境伦理学课程，利奥波德土地伦理思想精髓也传遍世界。在促进利奥波德土地伦理思想传播方面，前述美国著名学者福莱德教授作出了卓越贡献。1974 年她出版了专门研究利奥波德生平与思想的著作《像山那样思考：奥尔多·利奥波德和鹿、狼及森林的生态观的演变》，作者福莱德对利奥波德已公开出版和未出版的手稿进行了精心研究，对其思想发展线索进行了仔细梳理，特别是对其荒野管理方法和土地伦理思想予以高度关注，全方位展示了利奥波德丰富而有创造性的一生。

利奥波德的土地伦理学是向人类建立新伦理意识而作出的前瞻性引领。然而，由于人们急于加速工业化进程，推崇物质享受而盲目向自然索取，其思想精华曾一度被遮蔽。利奥波德在生前对社会公众能否真正理解土地伦理深表担忧并持悲观态度，而这一点恰恰被《沙乡年鉴》的出版过程所证实。该书稿出版历经 8 年的争执与修改，最终于 1949 年才被牛津大学出版社出版。美国环境伦理史学家纳什将其土地伦理遭此冷遇归结为社会、经济与理论自身三重原因。就社会层面而言，征服与改造自然的观念在美国人头脑中根深蒂固，利用与功利是其对待环境的主要方式。利奥波德倡导人们用一种与自然合作共存的方式来取代传统做法。从经济层面来说，20 世纪 30 年代的经济大萧条与二战使人们饱受战火的摧残和物质匮乏的考验。故而，抓住时机发展经济重振家园是战后的主要任务，对于维护与保持生态系统的“和谐、完整和美丽”基本不在人们的关注视野范围之内，倡导给予物种生存权利无异于天方夜谭。从理论层面来说，当时利奥波德的思想与观念遭到了诸多生态学者的敌意与排斥，再加上此一时期生态学越来越重视形式与定量分析，使其具有了浓厚的还原主义色彩与基调，许多学者认为利奥波德将自然作为整体来研究是没有前途与出路的。在如此话语语境下，生态世界观和环境伦理学只能在人文、宗教及所谓的反文化中找到自己的庇护所。科利考特也对许多科学哲学家对土地伦理不予理睬或成为论敌提出三点解释：“（1）利奥波德阐明土地伦理，运用浓缩的平铺直叙的文体，其中整个概念的复杂性可能在几个句子甚至在一段或两段话中体现出来。（2）他从设想当代哲学伦理学的范式开始讨论，而且（3）土地伦理表现出来的导向作用在于令人不安的实践意味。简言之，土地伦理是从哲学的观点所写，是不同平常的、激进的伦理学。”前两点是写作风格与思维方式问题，最后一点则是理论难以付诸实践问题，抑或即使按此行动也难以达到预期效果。

5. 相关质疑诘难与持续辩护发展

对土地伦理的质疑诘难主要源于：一是自然主义谬误，即从生态事实直接导出伦理判断；二是整体主义价值观，即过分重视整体主义利益而对个体利益的遮蔽。艾肯、克尔、克兹等学者从不同视角对整体主义价值观进行了揭露与批判。艾肯对土地伦理学深表害怕与恐惧，他认为土地伦理合乎逻辑的结论即“人口的减少是好事，那么减少人口的91%将是人类的任务”。克尔称“土地伦理的整体主义为‘专制主义’”。克兹也质疑了土地伦理重视整体价值削弱个体价值的理念，认为“土地伦理整体主义削弱对个体内在价值的尊重”。在诸多持有批评态度的学者中，雷根的指责与批评颇具典型代表性。他的核心观点是个体为了共同性的整体利益不得不作出牺牲是“对环境的一种法西斯主义式的理解”。对土地伦理学最极端的表达莫过于文学家阿比和“救生艇理论”的提出者哈丁。阿比在其《沙漠隐士》中表述其愿意杀死一个人而不愿杀死一条蛇。哈丁宣称“只有在人口出现短缺的情况下，我们才应尽最大力量拯救一个人的生命，但我最近并未听说出现了人口短缺现象”。这都是对人口发展过快，在人种与珍稀物种之间进行选择时的极为激进的一种表达。

针对土地伦理学的批判，许多伦理学家提出辩护，为使土地伦理学走出困境而积极提供方案，这完善且推动了土地伦理学向纵深发展。马瑞塔从多元论角度为其进行辩护，认为既可把整体主义三原则解释为决定价值与义务的唯一根据，或最重要的根据，或根据之一。前两种极端的理解是还原主义的，被指责为法西斯主义，若以第三种作为伦理判断的理由，则要求我们在面临复杂道德境遇时，“是不能通过还原主义的方法来加以简单地处理的，我们必须在科学与良知引导下作出自己的选择”。赫夫勒通过给整体主义附加限定条件“不违背重要的人际义务”的方式为其提供辩护。当我们维护并坚守生态整体主义三原则的前提是“假如我在这样做时不犯其他错误的话”。莫林则以德性伦理的途径为基点将“整体主义原则中的‘一件事情’，既可理解为‘一个具体的行为’，也可理解为‘某种行为类型、行为规则、偏好或态度’。从后一角度来理解利奥波德整体主义原则……整体主义原则就不是某种特定的行为，而是我们应当具备的一种品性，我们应当成为那类人”。在所有辩护者中，美国哲学家科利考特最具代表性，被称为土地伦理在当代的代言人。他不仅是利奥波德的忠实追随者，且从 20 世纪 70 年代中叶就开始撰写诸如“捍卫土地伦理学”“土地伦理的理论基础”等文章，对土地伦理的哲学基础进行论述，对土地伦理学所遇到的理论挑战予以应对，并对土地伦理学给予新的阐释，使土地伦理学逐步得到深化、扩展和完善。科利考特的贡献有三：一是针对土地伦理学自然主义谬误诘难，科利考特通过诉诸传统道德情感论来克服，为跨越事实陈述与价值陈述之鸿沟，将利奥波德放在从休谟和斯密到达尔文视“道德情感为伦理核心”的伦理传统中。二是针对土地伦理整体主义的批评，通过诉诸西方整体主义传统，消除哲学家对其生疏感与实践中过于激进的色彩。三是提出一个同心圆模型，提出道德关怀对象的拓展同心圆的范围是“自我—家庭—群落—土地”。在这样一个范围逐渐扩大的过程中，生物共同体中非人成员由于不属于人类故而没有人权，就情感层面而言却具有优先性价值，因此“身为生物共同体中的成员，它们应当受到尊敬”。

土地伦理在传播过程中虽遭遇质疑与挑战，但在回应挑战中得到了深化与完善，并彰显了其与时俱进的特质与品格。“利奥波德鼓舞了每一个关心环境伦理的人，尽管是在直接的还是在间接的意义上来确定大自然的道德地位的问题上还存在着分歧，但是在利奥波德之后，这些问题再也不会被忽视了。”同时，土地伦理由于其具有内在的自我完善特质与独特的修复机制，使其可能而且应当在当代现实生活中予以适当运用。在现实实践格局中，在利用自然资源和改造自然环境时自觉讲求利用的合理性和改造的科学性，并力求生物共同体的多样性得到有效保护与有序呈现。为此，我们应该带着谦卑甚至虔诚的态度善待包括动植物在内的土地生态系统共同体，并为这个共同体的“和谐、稳定和美丽”，对人类的生产方式和消费模式进行必要的生态约束、限制、引领甚至强制性规范。总之，为了人类的可持续发展与自然资源的永续利用，我们应该而且必须建立一个能够与自然生态环境和谐相处且充满生机活力、能够积极地超越并有效地扬弃机械技术文明的生态文明社会。

（作者：包庆德　夏承伯）

霍尔姆斯·罗尔斯顿

走向荒野的哲学家

霍尔姆斯·罗尔斯顿

（Holmes Rolston III，1932—）

索利图德湖坐落于美国落基山国家公园，其三面都由荒野环绕，湖面静静的，像镜子一样映射着峡谷的曲线，映射着天空，也映射着夜晚和星星，唯一通道是沿着北因莱特小径向下走。在这条幽深的林中路上，有一个弱小的身影隐身于荒野的怀抱，正独自艰苦跋涉，因为他笃信：独自置身于荒野是将生命推向极致的表达，进入荒野实际上是回归故乡，是人类在一种最本原意义上来体会与大地重聚。一个人只有完全投身并把自己暴露给荒野，让地理上的距离来松开社会强加于他的羁绊，其心灵才会有足够的空间与清醒让他能建立与维持自我的边界，使其了解自然和自己。尽管我们可能意识不到我们身体里有曾流过索利图德湖的太阳能，北因莱特河中的水是我们循环系统的一部分，但我们越是从字面上去理解便理解得越深，因为没有什么生物能够完全独立地生存，为细小双叶兰提供营养的根瘤菌或是从大松树根部长出的鹿蹄草是生命更好的象征——生命在本质上是共生的。这便是环境伦理学之父——罗尔斯顿心路历程的真实写照。

一、生平与著作

霍尔姆斯·罗尔斯顿是一位足迹遍布五大洲的杰出环境哲学家。他曾是国际环境伦理学协会（1990 年成立）创始人之一，并担任第一任会长（1990—1994年），还是《环境伦理学》杂志创刊者之一，担任美国国会与总统智囊团环境事务顾问及包括美国“荒野协会”在内的20多个环保团体顾问，现为科罗拉多州立大学终身荣誉教授。罗尔斯顿被誉为“环境伦理学之父”，自许为“一个走向荒野的哲学家”，自然情结贯穿于其成长历程。

1. 学术选择与成长历程

1932年11月19日，罗尔斯顿出生于美国弗吉尼亚州北部的著名风景区——谢南多厄峡谷，并在那里度过了童年，其祖父与父亲皆为牧师。从家门口流过的莫里河、抬头便可望见的贾姆坡山和霍格贝克山以及阿拉巴马州外婆家的农场都在其童年时光里留下了深深印痕。20世纪50年代中叶，罗尔斯顿进入美国戴维森大学学习物理学并获学士学位。受20世纪初极富创新能力的物理学家的教诲，罗尔斯顿此时的目标是想成为一名物理学家并去认识与改造世界。但大学期间，他还深深迷上了生物课程，通过学习并随导师实地野外考察，罗尔斯顿反思到物理学虽很基本但并非真正研究自然本质，因为其研究对象是无生命的东西。当迷失于“笛卡儿式的栖居于物质中的精神体”后，罗尔斯顿进入弗吉尼亚联合神学院专攻神学，1956年获得里士满联合神学院神学学士学位和一等摩尔奖学金。该年，他与简·威尔逊结婚，他们共有两个孩子。之后，罗尔斯顿进入英国爱丁堡大学，撰写了一篇历史神学方面的博士论文，其导师是1978年坦普尔顿奖获得者托马斯·F. 托兰斯；1958年获哲学博士学位后回到弗吉尼亚州西南部就任牧师并度过10年。

在此期间，罗尔斯顿一边认真履行其牧师之职责，一边走向荒野体验那里的自然美景，同时还在东田纳西州立大学旁听生物学课。继学习植物学与动物学后，罗尔斯顿又接着学习了地质学、矿物学和古生物学，这样的经历使其成为一名自然学家和苔藓研究专家。罗尔斯顿不囿于理论学习，还亲自加入保护罗杰斯山与罗安山的工作，并加入了维修阿巴拉契亚山区小路和将其部分改道的工作。由于意识到形而上学的重要性，并且基于当时没有关于自然的神学，罗尔斯顿便转向学习哲学。在其申请被大多数学校研究生院拒绝后，匹兹堡大学向其敞开了一扇门，并于 1968 年授予其科学哲学硕士学位。同年，他进入科罗拉多州立大学哲学系任教，1968—1971 年任助教，1971—1976 年任副教授，1976 年任教授，1992 年成为该校第一位文科终身荣誉教授。

罗尔斯顿基于自然情结与博物学兴趣，一改当时流行的非人类自然没有价值的观点，对自然由衷感悟与体验而声称：苔藓在阿巴拉契亚山脉南段，不顾哲学家与神学家的关心抑或不给世人带来好处而自己繁茂地生长着，整个自然界就是那样——森林和土壤、阳光和雨水、河流和山峰、循环的四季、野生花草和野生动物——所有这些从来就存在的自然事物，支撑着其他的一切。这个可贵的世界，这个人类能够评价的世界，不是没有价值的，正相反，是它产生了价值——在我们能想象到的事物中，没有什么能比它更接近终极存在。他认为，“从苏格拉底以来，考察人类在这种构建出来的用文化组织起来的环境中的生活，就成了哲学家的历史使命”；而“哲学家应该不仅仅是考察城邦、考察文化，而必须把有活力的生命也纳入哲学思考的范围。是这种有活力的生命使他们得以成为一个哲学家的。生命的意义的确部分地是在于它的自然性，可我们却忘记了自然。在这一点上我们是需要做出自我批评的”。随着环境问题的凸显与环保运动的涌现，罗尔斯顿任教于科罗拉多州立大学时开设了生态伦理学课程，开创了课堂爆满的局面。其早年人生历程折射出生态伦理思想形成所经历的艰难探索过程；其成就既在于对自然之热爱，又在于其明晰自己追求后的坚定与执着。

2. 学术思想与理论来源

罗尔斯顿认为，“将价值理论重新确立起来的前提是诸如进化论、生物化学或生物学等涉及自然史之丰富性学科所提供的思维范式的转变”。此外，其理论建构还闪耀着东方文化哲学、系统科学与环境科学的智慧光芒。其中，生态学是催生其思想的沃土。罗尔斯顿把生态学不仅仅看作一门自然科学，也将其看作一门伦理学，认为“在生态系统机能整体特征中存有与之俱来的道德要求”。他依托生态学知识论基础，运用大量生态学原理来改造传统伦理道德体系，将生态学整体论原则转化为一种整体主义思维方式，并以此来抵制、淘洗还原论与机械论，建构出一种相互依存的伦理道德：个体价值的实现只有建基于其他物种与共同体整体利益的满足与服从的基础上，任何忽视整体价值的个性追求都要遭到无情的放逐，任何只具有目的意义而不兼具手段功能的存在物都无法获得现实的支持。

罗尔斯顿从进化论中解读出人类要从道德上关怀大自然的意蕴并大量引用进化论观点。他认为人类的产生并不是历史进程中的一个突发或偶发事件，而是生命进化和延续的一种结果，离开其他物种人类就失去存在之根。人类没有理由骄傲自大，也没有理由歧视其他生命形式。对达尔文在《人类的由来》中人的同情“变得越来越大和越来越广”的观点赞赏有加并进一步推进：在动物区系之后，我们能否加上植物区系、陆地景观、海洋景观、生态系统呢？良心的进化应该是非常壮观的，应当将这一切都包括进去。罗尔斯顿早年就为利奥波德的思想所打动，继承了利奥波德土地伦理思想并不断进行修正，为其提供科学论据。从整体上看，罗尔斯顿提出的应予以不同物种或整个生态系统道德关怀的观念，为西方传统伦理文化框架所不容，环境伦理学难以获得西方伦理传统的正当性支持，他便把目光投向东方文化。在中国传统文化中，罗尔斯顿首推佛教，并认为“禅宗在尊重生命方面是值得人们钦佩的。它并不在事实与价值之间，在人类与自然之间标定界限……禅学并不是人类中心论说，并不倾向于利用自然，相反，佛教许诺要惩戒和遏制人类的愿望和欲望，使人类与他们的资源和他们周围的世界相适应。我们知道，禅宗懂得如何使万物广泛协调，而不使每一物失去其自身在宇宙中的特殊意义。禅宗知道怎样使生命科学与生命的神圣不可侵犯性相结合”，“禅宗似乎具有一门更为全面的伦理学”，“对于禅宗来说，精神可渗透在自然之中，而这就为环境伦理学提供了较好的保证”。此外，罗尔斯顿对中国传统文化中的儒、道也颇为推崇，他的思想与系统科学、环境科学也存在着千丝万缕的联系。基于罗尔斯顿对世界范围各种思想成果的广泛吸收，才使其对人与自然的关系见解独到，也使其环境伦理发展空间广阔。

3. 学术著作与学术影响

罗尔斯顿学术生涯发轫于 1975 年在国际伦理学领域权威刊物《伦理学》上发表了《存在一种生态伦理学吗？》一文。此后一发不可收，发表论文 100 余篇，参与编写 36 本书，为 50 多本学术著作撰写部分篇章。其专著主要有《科学与宗教》（1983）、《哲学走向荒野》（1986）、《环境伦理学》（1988）、《保护自然价值》（1994）、《科学和宗教：一个批判性考察》（1997）、《基因、创世记和上帝》（1999）、与莱特共同主编《环境伦理学》（2003）学术文集等，其论著被译成 16 种文字出版。《环境伦理学》一书在出版当年就再版五次，被认为“是一部关于非人类中心主义与非人类来源、客观内在价值的巨著鸿制”。《哲学走向荒野》集结了罗尔斯顿从 20 世纪 60 年代末到 80 年代初撰写的 15 篇论文。美国学者贝玛德在《伦理学》杂志上发表书评指出：“罗尔斯顿的著作经常带来美国自然哲学的上品。他天生具有写作的才能，文笔优雅。这本书（《哲学走向荒野》）是很好的读物，因为它也是完美的文学作品。罗尔斯顿提出了令人不安的问题，提出了艰巨的挑战。内容的安排非常得体。”阿瑟·克鲁克伯格在《道格拉氏草属》杂志上对《哲学走向荒野》评价道：“这是一本佳作！几乎在每一页上，你都可以遇到令人瞩目的可引用的段落——简捷有力的警句，关于环境伦理的隐喻……”鉴于罗尔斯顿学术研究工作在生态系统和伦理学方面特别是对自然内在价值的杰出辩护，他于 2003 年 3 月 19 日被授予坦普尔顿奖。

罗尔斯顿认为，如果一个人对地球生命共同体——这个我们生活和行动于其中的、支持着我们生存的生命之源——没有一种关心的话，就不能算作一个真正爱智慧的哲学家。罗尔斯顿的成果被多种不同领域和不同语言的期刊和著作引用，著作被150所高校选为教材。罗尔斯顿本人也曾于1991年和1998年来华进行学术访问，与我国学者杨通进、叶平、刘耳以及本文作者等建立了良好的学术联系，对推进中国环境伦理学的学术研究、学科建设和队伍成长都起到了积极的建设性作用。

二、价值走向荒野的环境伦理学

罗尔斯顿认为，传统伦理学是以人类利己主义和人类中心主义为基础的，只关心人类的生存利益而不管其他物种的生存利益，故而，我们尚未拥有适宜于这个地球及其生命共同体的伦理学。

1. 环境伦理建构与主旨

罗尔斯顿环境伦理学与动物权利、解放论和生物中心论的不同点在于其理论要努力避免遮蔽人的存在的极端生态主义，同时也要与人类沙文主义划清界限。构成罗尔斯顿环境伦理学理论体系的两大基石是：既强调自然价值的内在性和客观性，也强调人的参与性，即人要体验、了解、分享、领悟自然价值。这表明，一方面，环境伦理学需要人参与其中，把人排除在外的环境伦理学的合法性受到质疑；另一方面，人类的参与又不是主观任意的，而必须在遵循自然、接受自然指导下进行。环境伦理学既强调人对大自然的义务是一种主动选择性的义务，又强调人的主动选择性基础为主动地遵循而非主体性地占有与改造。这样，其环境伦理学就相应地具有了自己的评价尺度，归根结底，其体现的是自然的内在规则而非人的需要，或者说人只能是以道德代理人的方式来表达这种自然的内在性。

“自然主义谬误”在理论上构成环境伦理学成立的最大瓶颈。这一命题由英国学者爱德华·摩尔首先提出，即从科学事实之实然“是”推导不出道德价值之应然“应当”。罗尔斯顿则认为，环境伦理学把事实和价值之间鸿沟难以逾越的西方传统伦理学带到一个突破口。其破解“自然主义谬误”的方法就是将生态学基本准则或生态规律泛化，把它提升至统摄自然与社会的至高地位，并认为受制于此规律与准则的所有存在物都具有自身内在目的、地位平等且互为手段与目的。这样，生态规律的扩张与道德化就超越了事实与价值的隔阂，消解了“自然主义谬误”的纠缠，从而也就自然为环境伦理的可能性提供了强有力的支撑。故而，“环境伦理学将把实然的描述（他们是从科学、形而上学以及关于现实的或潜在的内在价值的判断中推导出来）和关于应然的规范（人类行为的对和错）结合起来”。这种解释对于习惯于理论思维的伦理学家来说，是不能不感到困惑而惊奇的。因为用生态规律对人类行为的制约性来说明行为的目的选择之论证是否符合逻辑？“能做”与“应当做”能否是一回事？回答是：“能做”什么是由外部自然规律决定的，而“应当做”什么是人的价值选择（目的）决定的，前者由自然原理决定，后者由人道原理决定，抛开对人类利益的关注，企图从生态规律之“是”中直接推导出生态道德之“应当”的做法是行不通的。

对于环境伦理学的性质，罗尔斯顿声称，“只有当人们不只是从审慎利用而是从恰当尊重与义务角度对待自然时，才会接近自然主义意义上的原发型环境伦理学”。这种新伦理学需要对生命予以尊重，“它不仅关心人的幸福，而且关心其他生物和环境的福利。环境伦理学对生命的尊重进一步提出是否有对非人类对象的责任。我们需要一种关于自然界的伦理学，它是和文化结合在一起的，甚至需要关于野生自然的伦理学”，即环境伦理学是一种寻求与传统伦理学脱离关联的超越人类文化基础的新伦理学，它基于生态科学的环境整体主义的观点，依据人与自然相互作用的整体性，要求人类行为既要有益于人类生存又要有益于生态平衡。新旧伦理学的本质区别在于“旧伦理学仅强调一个物种（人）的福利；新的伦理学除了人的福利还必须关注构成地球上进化着的生命的几百万物种的福利”。

2. 当代哲学的荒野转向

学界认为解读罗尔斯顿思想的关键词是“自然价值”，因为其理论核心是“客观的自然内在价值论”。其实，在罗尔斯顿自然价值体系中，“荒野”一词因其特殊位置而占有重要地位，因为“荒野”是一种自组织生态系统，是那些有权为自己而生存繁荣的存在物之栖息地，是自然价值之源，其本身具有丰富意蕴，其有限性蕴含无限性，物质性蕴含精神性，自然性蕴含自由性。故而，罗尔斯顿要求哲学把沉思目光投向荒野，提出“哲学走向荒野”重要命题。荒野是我们把握罗尔斯顿思想的关键。

罗尔斯顿声称，哲学继认识论转向、语言转向、文化（人文）转向后，现在正向“荒野”转向。哲学之所以转向荒野是基于观察家们对人类与地球生态系统之关系的严肃反思。哲学的荒野转向是对长期以来传统伦理学以人为立足点、以人的需要与感受为根据的价值论框架的突破，其实这既是对日益加深的生态危机在哲学领域的一种回应，又是对人在自然中地位的重新审视和对荒野的重新理解，也是哲学与荒野从背离走向和解的一种期盼，更是人类处理与自然关系的一种思维路向表达与标识。

3. 荒野转向的理由根据

罗尔斯顿在其著作中一方面将荒野与自然连用，另一方面将荒野与自然换用。之所以提出哲学和美学走向荒野而没有提出哲学和美学走向自然，是因为荒野与自然相比是更为本原的自然。哲学走向荒野、美学走向荒野可以使哲学与美学深入自然深处、深入自然本真状态。罗尔斯顿一改传统上把荒野只看作资源的主张，认为应该从“根源”“邻居”和“异己”等层面对荒野进行剖析。

首先，就时间维度而言，荒野是生命与精神之根源。“荒野是生命孵化的基质，是产生人类的场所。”不仅在生命生发与进化意义上人来自于自然，就是在文化意义上人类生存与发展也不能全然超越其自然前提。因为，“我们高度评价的东西中，有相当多的部分是在久远的年代从天然的荒野中孕育的，而在文化中则变为了基本预设”。比之于人类文化中陈列着各种文物、标本和文献，记录着人类发展各个领域的历史博物馆，大自然所珍藏和展示的是整个地球（包括我们人类）的生命画卷和活的博物馆。

其次，从价值维度看，荒野是体验与价值之源。回顾人类自然史，“荒野是我们的首份遗产，是我们伟大的祖先，它为我们提供了接触终极存在的体验”。虽然人类及人类文化是自然“层创进化”

之结果或最高价值，但人类只有在自己的起源处才能体悟终极存在的意义。人类体验是在与大自然的接触并对其欣赏中产生的，但“这种欣赏活动所捕捉到并表达出来的价值在人类出现之前就存在并在荒野中发挥作用了，人类目前仅仅是继承这种价值而已”。环境伦理不仅“是关于我们的根源（而非资源）的伦理，也是关于我们的邻居与其他生命形式的伦理”。

再次，就空间维度而言，在人类文化发生之后，荒野便作为人类的“邻居”而存在。文化与荒野虽说是一对对立的生态哲学范畴，但正是它们之间复杂而又深层的关联构成了全部人类历史。随着人类文化在地球上取得“胜利”，随着荒野这位“邻居”的地盘日趋缩小，在人类心理维度和情感体验中，荒野不再是我们的故里，反而成为一个与我们相异、令我们恐惧的神秘的陌生的“他者”。正是因为荒野和人类之间如此深厚的历史渊源和如此深层的内在关联，当我们对现代社会的种种弊端进行反思之时，整个社会就发生了一个荒野的转向，人们试图从哲学的高度、从伦理学的角度重建人与荒野的关系。

三、客观的自然内在价值论

自然价值论是一种论证环境伦理学关于人与自然伦理关系之主题的重要途径。对于环境伦理学家来说，自然价值论的确立是人与自然伦理关系得以承认、环境伦理学得以形成的理论前提。

1. 自然价值的内涵实质

界定自然价值与厘清其本质直接关涉两个问题：一、自然价值所有权属于人还是属于自然？二、自然价值是主观的还是客观的？罗尔斯顿认为，价值并不存在于超出自然的虚空中，而是由自然孕育出来的；它是客观的，是在与人无涉的情况下产生的。在人类带来价值概念之前，自然界本身就存在着价值了。可以把自然价值与自然物所具有的客观属性等同起来，理解为事物所具有的某种属性。当然并不是所有的属性都能充当自然价值，只有那些具有有序、组织、进化等性质的规定性的属性才能充当自然价值。价值属性的最重要的特征在于其创造性，创造性就是自然界中新属性不断产生的过程，是使自然界朝向多样化、复杂化、熵减、有序方向的进化过程与特性。“自然系统的创造性是价值之母；大自然的所有创造物，就其作为自然创造性之实现而言，皆具有价值。”“价值存在于自发创造之所。”价值即自然物身上的创造性属性，这些属性使具有价值的自然物不仅主动适应环境以求得自身的生存与发展，而且还彼此间相互依赖、相互竞争、协同进化，使大自然本身的复杂性和创造性得到增加，也使生命朝着多样化与精致化方向进化。从生态哲学视角审视，价值“并非只存在于作为生命基本单位的个体之中，而是附着于整个生命形式，虽然它由个体生命体现但又超越了个体生命——它出现于一种整体性的交互作用之中”。所以价值在实质上是自然或生命进化过程中的一种现象。至于对价值的评价，罗尔斯顿认为，“在评价大自然时，确实需要加入个人经验内容，但如果认为自然事物所承载的价值完全是人类之主观投射，就会陷入价值唯我论泥潭”，“价值在真实事物而且经常在自然事物中得以体现”，即不管在任何情况下，自然价值所表现的实质内涵都是大自然对人的无私馈赠，即便是通过人开发出来的自然资源也是源于自然的。自然保存了人类历史，自然涵育着人的性情，自然奠定了文化基础，自然激发着人的进取心……因而不是人把价值赋予自然，而是自然把自己的“好”“有利”“有用”奉献给了人类。简言之，不仅评价活动过程本身而且作为评价主体的人都是自然进化的产物，即大自然不仅创造出各类价值，而且创造出具有评价能力的主体；不仅创造出作为体验对象的世界，而且创造出了体验这个世界的主体。罗尔斯顿的这种观点实质上是人对待自然的一种立场的根本转折，为人们重释价值开启了新的通道。

2. 自然价值的层次类型

罗尔斯顿把自然价值总体上划分为内在价值、工具价值和系统价值等三大类。所谓内在价值是大自然在与人无涉的情况下所呈现出的意义与功能，即对人的非工具性价值；它体现在对所有生命的支撑或承载上。罗尔斯顿主张从物种主体与周围环境的联系中来确定内在价值，反对将内在价值看成某物种个体所“自为决定”的。因为“没有任何一个主体，也没有任何一个客体是独自存在的”。所谓工具性价值是指从大自然与人的关系意义上来评价大自然而形成的价值（似乎应是从有机体与其环境的关系意义上来理解，因为还存在着非人类中心主义意义上的工具价值）。但罗尔斯顿与人本主义自然价值观差异较大，他将工具价值划分为三种形式：以人化自然的方式而产生的自然的工具价值；以自然的方式而产生的自然的工具价值；以体验和感受自然的方式而产生的自然的工具价值。系统价值是指作为整体的生态系统的创造性和价值创造过程，即生态系统所具有的能够不断创造自然价值的性质。“在生态系统中，有机体既从工具利用的角度来评判其他有机体和地球资源，也从内在的角度来评判某些事物：它们的身体、它们的生命形式。因此，工具价值和内在价值都是客观地存在于生态系统中的。生态系统让各种价值在其怀抱中争奇斗妍，它也因此而变得更加美丽。就其对共同体的贡献而言，工具价值与内在价值难分伯仲。生态系统是一个网状组织，在其中，内在价值之结与工具价值之网是相互交织在一起的。”因此，“在生态系统层面，人类面对的不再是工具价值，尽管其作为生命之源而具有工具价值的属性；人类面对的也不是内在价值，尽管其为了自身原因不得不护卫某些完整的生命形式，我们实际已触及到某种需要用第三个术语——系统价值——来描述的事物”。系统价值并不等于部分价值之和，它是系统的某种充满创造性的过程。个体和种的价值只有处在生态系统的网状结构中并参与进化才有意义；生态金字塔通过内在价值与工具价值的转换、通过限制与维持物种的平衡来保证所有物种欣欣向荣，促进生态系统保持动态和谐与稳定，向着更有序、更高自然价值方向进化。

对于三种价值之关系，罗尔斯顿认为，系统价值决定着内在价值和工具价值，是最根本的。但工具价值不是可有可无的，“如果一个人只是培育自己的内在价值，却不寻求一些途径，让自己能对社会具有工具性价值的话，我们会认为他很狭窄（隘）、自私。一个人的内在价值，如创造性，离不开给别人带来利益的能力。一物的卓异性并不在于它能为自身做什么，而在于它能为其他事物做什么。这对人，对动物和植物都是适用的。卓异性不是一物将自己封闭起来，而在于它能在一个整体中找到自己适当的位置”。“内在价值只有植入工具价值才能存在。没有任何生物体仅仅是工具，因为每一生物体都有其完整的内在价值。但是，它也都可能成为其他生物体的牺牲品，此时其内在价值崩溃，化作了外在价值，其中一部分被作为工具价值转移到了另一个生物体。从系统整体来看，这种个体之间的价值转移，是使生命之河在进化史上沿着生态金字塔向上流动。生物体这样不停地将别的生物化作自己的资源，是将内在价值与工具价值统一起来了。”“内在价值和工具价值彼此转换，它们是整体中的部分和部分中的整体，各种各样的价值都镶嵌在地球的结构中，犹如宝石镶嵌在其底座中，价值底座即为价值生养母体。换言之，当人们改变评价视角来理解价值时，就会发现，内在价值恰似波动中的粒子，而工具价值亦如由粒子组成的波动。”工具价值和内在价值相互交织，共同存在于生态系统这个价值转换器中，并通过其转换而在生命、物种之间流动，共同维护生态系统的稳定、完善、美丽。价值分布规律为：随着存在物等级升高，存在物所具有的内在价值也随之增多，而工具价值随之减少。虽然人具有最高的内在价值，但这并不意味着人可以为所欲为。恰恰相反，人的高级价值实现往往有赖于低等生物，而且人类终究只是创生万物的生态系统的最有价值的作品。因此，人应当赞赏和维护进化出他的这个生态系统，人有必要获取并转化自然价值，但这种获取和转化的价值在比例上应当与自然界损失价值的比例相当。

按自然价值的功能，罗尔斯顿把其细化为生命支持、经济、消遣、科学、审美、使基因多样化、历史、文化象征、塑造性格、多样性与同一性、稳定性和自发性、辩证、生命及宗教等14种价值。罗尔斯顿这样做的目的是：试图通过繁复罗列以此来剥离出与人本主义自然价值观相对立的自然主义的自然价值观的特质。客观的自然内在价值论启示我们：自觉维护并积极促进具有内在价值的生态系统的优美和谐、完整稳定和动态平衡，把人类的物质欲望、经济增长和消费欲望规范在其有序运作和自我恢复、有机清除和自我净化以及有效承载和自我循环的范围内，是具有评价能力的人类义不容辞的历史责任和时代义务。

四、遵循大自然的伦理义务

环境伦理学是"一种恰当地'遵循大自然'的伦理学"，因为"自然最有智慧"，这个规律"不仅是对自然的运作描述，而且还是对自然的运作进行了评价，暗示人类应该遵循自然"。

1. 作为"文化共同体"意义上的遵循自然

罗尔斯顿认为，人类既栖息于文化共同体中，也栖息于自然共同体中。一方面，人是进化的产物，生存于生物金字塔顶端，人的内在价值的实现，必须依赖于"空气、水流、阳光、光合作用、固氮、腐败菌、真菌、臭氧层、食物链、传粉昆虫、土壤、蚯蚓、气候、海洋及其他遗传物质。生态系统是文化的'底基'，自然的给予物支撑着其他的一切"。人受制于自然环境，无法脱离环境建造文化求得发展，不管其选择是什么，也不管其如何重建了生存环境，人仍是生态系统中的栖息者。在此意义上，人是自然共同体中普通的一员，人和非人类存在物是平等的。另一方面，"生态系统既是一个生物系统，也是一个人类处于其顶端的系统”。在进化过程中，人形成了思考、语言和推理能力，人带着认识和评判意识思考并存在于一个开放的整体世界中，人出类拔萃的形而上能力使人区别于动物而具有责任心去关怀其他事物。“人类是唯一能对动植物和生物种系的生命过程及进化史进行反思，能在全球层次上进行思考，并能仔细思忖该如何保护地球行星的评价者。”“人的优越性不仅表现在能利用资源、自我实现、追求最大限度的功利……而且还表现在像爱其自身那样爱其他动物。……人能接受某种超越人类中心论的世界观。”正是这种超越及从总体上把握世界的能力，才使其变得优越并能向自己提出超越自身利益、使其与整个地球利益联系起来的义务。在地球上，人应当是完美的监督者——以这样一种方式来运用其在环境中独特的完美的理性和道德，以致能够真正超越其他存在物而实现与环境和谐相处且对其环境有益有价值的层创进化。人的层创进化的一个特质就是进化出了一种能与（只关心同纲同门利益的）自利主义同时并存的（关心同纲所有动物的）利他主义倾向，进化出了一种不仅仅指向其物种而且还指向生存于生态共同体中的其他物种的恻隐之心。

2. 在价值论和接受自然指导意义上的遵循自然

遵循自然的过程就是人参与自然的过程，即体验自然、了解自然、感悟其神奇造化和对生命的承载，从而热爱自然、积极主动地承担对大自然的义务。罗尔斯顿总结出人类可在七种意义上的遵循自然，但他首先排除了在绝对意义上与人为意义上遵循大自然的可能性而力主在相对意义上遵循大自然。他认为“我们遵循自然的程度取决于我们改变环境、取决于我们以一种鉴赏力将环境融入我们的生活方式、取决于我们离自然有多近的程度”，并从自动平衡、道德效仿、价值论和接受自然指导等四种相对意义上讨论人遵循自然的可能性，认为自动平衡意义上的遵循自然与道德效仿意义上的遵循自然因不具备环境伦理学“应然”的道德意蕴而使人难以接受。人类应该从价值论与接受自然指导意义上遵循大自然。只有在价值论意义上和在接受自然指导意义上遵循大自然才能够体现出环境伦理的道德观，这两种意义上的遵循才是我们遵循大自然的应有视角。

价值论意义上的遵循“较少‘伦理仿效’的成分，但仍具浓厚道德色彩，因为我们并不仅仅把自然视为一个纯粹的自然事实领域，而且是一个自然价值领域，自然有其自身完整性；它是人类能够而且应当与之心交神会的。此外，‘遵循’自然概念比遵循艺术、音乐或运动更深沉，因为在其中我们可以通过敏感观察而发现并引进某种非人类价值。例如，在大风飞扬的天空中飞行的野鹰的雄姿令我赏心悦目，但这不是一个我发明的价值，而是一个我发现并遵循的价值”。

接受自然指导意义上的遵循大自然则是把自然当作良师益友，从自然中捕捉哲理。尽管大自然不是一个道德代理者，其创造物或生态系统也不是人际伦理学的导师，但自然具有某种“引导功能”，人类仍能够通过反思自然而“提炼出某种道德”。许多民间谚语都毫无例外地带有大自然的烙印，许多德性完美的品格都主要源于对自然的适应。故而，人的生活要遵循自然，即意识到大自然对我们的影响以及大自然对我们的行为的承受极限。大自然虽没有为人际事务提供伦理指导，但人类的行为必须采取一种适当的形式以适应其环境，适应世界给其提供的条件。这是环境道德的核心。此外，进化论与生态学也都告诉人们，所有生命形式都不是独立自主发展的，而是由其周围环境决定的。我们能够发现内在且隐藏于大自然表面冷漠、凶残和恶意背后的美丽、完整和稳定的方面。大自然虽不是培养这些德性的充分条件，但却是必要条件。毋庸置疑，自然中既存在着斗争，又同时而且更多地存在着适应。学习关于生命的这些教诲可以使我们的行为与这个世界相适应，即对自然的某种遵循。这样罗尔斯顿就在人与自然之间建立起一种具有普遍意义的道德关系，完成了伦理学一个未完成的主要议题。这对生态伦理学的进一步发展是至关重要的。

3. 遵循大自然的具体要求与诗意地栖息

遵循大自然要求人们尽可能避免文化和文明的发展对大自然造成伤害与痛苦，尊重自然界中所发生的生命之间的矛盾与冲突。具体说来，就是要承认动物、植物、物种和生态系统的权利，为尊重生命和自然界尽自己的责任和义务。在高等动物层面，人类应接受野生自然世界里弱肉强食的现象，肯定自然生态；在有机体层面，应当肯定它们的内在价值，并在价值意义上顺从自然；在物种层面，人类有义务避免造成它的人为灭绝；在生态系统层面，生态系统的整体价值具有至高的道德意义，人类的义务是保护生态系统的稳定性、完整性和完美性。

海德格尔把“诗意地栖居”看成人类寻求生存根基、重建价值信念的过程。罗尔斯顿汲取海德格尔这一思想，呼吁人们应该对生命存在的意义有深刻领悟，对其他生命对人类存在的包容性有所省察，不要把大自然仅仅当作创作人类故事的工具，而应把自然的历史理解为一部正在编撰的且不会完稿的小说。所有生命都是这部小说的重要角色，但唯有人可充当历史主体，具备在编写自己的生命故事的同时欣赏和叙述地球上正在发生的生命故事的能力。诗意地栖息包含三层含义：一是人应栖息于自然和文化中，寻求对复合价值的伦理适应；二是要以个人身份栖息于环境中；三是要求人们依据一种具有地域性、全球性和历史性的伦理生活在地球上，恰当地阐释地球上发生的一切，并以恰当的方式适应自然，成为大自然的精神化身。罗尔斯顿相信，当人们能够形成这样一些认识或树立起这样的信念后，环境伦理学的落实就从根本上具备前提条件了。环境伦理并“不是要取代仍在发挥正常功能的社会与人际伦理准则，而是要将曾经一度被视为无内在价值、只作为人类如何便利而加以管理的领域引入伦理思考范围，这个新伦理参数不是绝对的，而只是相对于传统伦理尺度而言的。随着伦理学领域扩展，价值冲突将会加大，原因在于目前人类的善得与环境的善有效共存了”。环境伦理使命也不是为了完成末日审判，而是宣示和引导一种新的生存发展路向。

五、环境伦理学的实践维度

罗尔斯顿深信，一种伦理学如果脱离实践，只过于注重抽象归纳，就无法在实践中得到落实，其存在的合法性就会受到质疑。由此，他主要从公共环境政策、商业活动和个人行为等三个层面寻求其实践途径。

1. 环境伦理与环境决策

人对环境究竟是应当保护还是开发？使用还是禁止？环境政策正是作为约束人对自然行为的规范条文。其实，环境伦理得以应用的一个重要环节就是其能否“把道德转化为法律”。“我们必须制订出某种关于公共物品——大地、空气、水、污染、环境质量、臭氧层、诱变剂、野生动植物、作为民族象征的鹰、濒危动物、后代——的管理伦理。”为使环境伦理更好地渗透到政府的政治决策中去并起到促进决策的公正性效果，罗尔斯顿建构了环境政策的价值论模型并从价值的个人维度与社会维度、人类维度与非人类维度、个体维度与系统维度出发将价值分为七个层次。

←　　←　　←　　←

→　　→

社会善价值 > 社会偏好价值 > 个人善价值 > 个人偏好价值 > 全市场价格价值

↑ ∧

有机体价值

↑↓ ∧

生态系统价值

在这个价值模型中，横线以上五种价值所表达的是人本主义的价值关怀，它贯穿于或适用于一切环境保护的政治决策，尽管这五种价值在其中的价值等级考量不同。罗尔斯顿认为，“在人本主义价值关怀视野内，我们提供的是一种法人性的整体主义原则，根据此原则，整体的善应比个人的善更重要，即使这将会导致有限的不公正”。横线以下的两种价值：有机体价值和生态系统价值，则共同体现了自然主义的价值关怀。这种价值关怀在决策当中的适用范围是有限的，主要应用于保护残留的荒野地区、濒危物种和难以恢复的生态区域。立足于这种自然主义价值关怀的政治决策的基本立场就是“遵循大自然”。按照罗尔斯顿的整体主义思维模式，生态系统价值要高于有机体价值。

2. 环境伦理与企业伦理

罗尔斯顿主张环境伦理学必须渗透到企业决策中并转化为企业伦理，形成具有客观范导作用的约束机制。罗尔斯顿认为，在企业决策和企业行为立场中应坚持人本主义和自然主义两种标准。坚持人本主义标准的终极目的在于增加人的利益和企业绩效。问题在于，如果企业只为维护自己利益而不惜牺牲国家与大众利益，只为满足自己眼前利益而不惜牺牲社会大众长远利益，只为满足自己经济利益而不惜牺牲整个生态系统利益，那么，企业的行为就是不道德的，也是应被禁止的。因此，企业还需培育和形成自然主义的价值原则，首先应把自然看成是一个生命共同体，其次再把它当成一种可利用的物品；企业要像爱护自己一样关爱周围环境，即爱邻如己。在企业利益和环保的关系上，传统思维认为两者可能是一输一赢，罗尔斯顿则提出一种新思维，“在一定的条件下，二者妥协，二者都赢。如森林的经济利用与生态利用二者是对立的，采用砍伐则输掉了生态效益，得到经济效益。但采用在一定生态限度内的采伐，森林的经济与生态二者兼顾，既赢得生态效益，也赢得经济效益。这里关键是决策应当能使对立面妥协，当然，有时达成妥协，也不一定赢。这就是当环境破坏时才认识到保护的情况”。罗尔斯顿试图将人本主义和自然主义企业伦理价值原则整合起来，形成一种具有可操作性的结合商业利润与生态完整性的行为原则，包括“不能以复杂为借口推脱责任，不能用公关技巧自欺或欺人，道德重于法律；要承认环境决策中的举证责任的转移，道德判断应贯穿企业活动的始终，对未来有长远考虑，己所不欲之风险勿施于人，对公司压力持批评态度，必须兼顾经济利益和环境利益”等。这是环境伦理学实践精神的重要体现。“因为生态环境是经济赖以建立的基本条件；尽管经济可以改变生态环境，但企业必须生存于生态系统之中。”

3. 环境伦理与个人生存

罗尔斯顿确信，“伦理学在个人身上得到某种体现就像生命和物种要通过个体而得到体现一样。伦理学、生命、物种虽都超越了个体，但其也绝对离不开个体。……伦理是人们的生活世界，是其生存环境的一部分；它不仅仅是一种地理位置，而是人们的安身立命之所”。

首先，人类是栖息于自然和文化中的“两栖”存在物。以往人们只看到文化世界与自然世界的对抗，却看不到自然是人类文化创造的质料和形成的基础。罗尔斯顿认为，“无论是从生物学的还是从物质需要的角度看，没有一个充满资源的世界，没有生态系统就不可能有人的生命。从哲学和伦理学角度看，如果人对事物的评价不能超越其自身局限，那么人的生命就远没达到它所能够而且应该达到的境界。人们只能在其环境中而不能脱离其环境而获得自由，除非能够时刻遵循大自然，否则将失去大自然的许多精妙绝伦的价值。人类将无法知晓自己是谁，身处何方”。这也就意味着，不管文明发展到何种程度，人都不能超越其生存与发展的自然基础与生物前提。

其次，人类在地球生态系统中承担着道德监督者角色。罗尔斯顿对那种认为人类的出现是自然进化的最杰出成果，且其位置处于生物金字塔结构塔尖，从而可以为所欲为地对待其他生命的观点进行了批判：“一个处于进化顶级的存在物不应提出这样一种孤傲的人类中心论的价值观；这种价值观不过是用人的优越性来为人的自我中心性进行辩护；它犯了自傲的错误”；“从逻辑上讲，关于人处于进化顶峰的这一生态学真理，应当能使人看到其之外和之下的其他存在物的价值，从而形成开放的全球整体观，产生一种对自然界具有贵族气派的责任感”。人在自然界中的角色定位是：“人应当是完美的监督者——以这样一种方式来运用他们那种在其环境中是如此独特的完美的理性和道德，以致他们能够真正超越其他存在物，实现一种与其环境和谐相处且对其环境有益的有价值的层创进化……人类有其完美性，看护地球是其展现完美性的一个途径。”人类以万物代言人与道德监督者身份谦恭地对待比其低级的各种生命形式，真诚赞赏它们，由衷感恩它们，唯如此才能真正体现出人类的与众不同并显示出其优越性。

总之，以荒野自然观为本体论、以生态整体主义为认识论与思维方法、以自然内在价值为价值论的环境伦理学是一个开放的体系。罗尔斯顿的可贵之处在于，他能积极地把理论推向实践，使其在实践中发挥作用。对于中国的环境伦理学研究，罗尔斯顿指出："中国有一些特殊的环境挑战，迫切需要环境伦理学去研究。如果不确立起一门属于中国自己的环境伦理学，就不会有地球伦理学，也就不会有人类与家园星球的和谐。最后，我将一如既往地支持中国环境伦理学的研究，祝愿中国的环境伦理学研究取得更大的进步。"

（作者：包庆德　夏承伯）

莱斯特·布朗

从抨击中理解，在争议中接受

莱斯特·布朗

（Lester R. Brown，1934—）

2005年3月22日下午，北京玉泉路中国科学院研究生院阶一六教室。600人的大教室内座无虚席，甚至在走廊过道和后墙壁旁都挤满了没有占到座位的师生。所有人都在聚精会神地聆听一场关于生态经济的学术报告。

站在讲台上作报告的是一个上了年纪的外国人。他瘦削的面容、颀长的身材和一头凌乱的金色头发，仿佛昭示着一份不羁的个性。然而，他的报告平缓而低调，甚至当台下有人打断他的报告提出很尖锐的问题时，他依然以沉稳的态度和语气来逐字逐句地回答。

这个人就是美国农业经济及生态学家莱斯特·布朗，今天风行全世界的“可持续发展”观念，就是由他在20世纪80年代初最先提出的。但是，他在中国的知名度，却是由于“谁来养活中国”的大讨论——这个讨论源于他在1995年出版的一本名为“Who will feed China”的著作。在当时，布朗的所谓“中国粮食威胁论”一度被认为是“中国威胁论”的代表思想，布朗和他的学说在中国受到了学术界、媒体和政府的广泛抨击。

然而，在10年后的这次演讲结束之时，布朗从中国科学院研究生院马石庄副院长手中接过了“中国科学院研究生院名誉教授”的聘书。这次活动，按照法新社的报道，被认为是中国对他的“平反”。一个曾经被认为是“反华”的学者，受到这样的礼遇，以这样的方式结束被中国各界的抨击，布朗是第一人。

一、“我是一个农民”——布朗其人

莱斯特·布朗，1934 年 3 月 28 日出生于美国新泽西州一个农民家庭里。

布朗家族在新泽西州经营土豆农场已有多年，而布朗本人在中学和大学时期，也和弟弟一起开办了一个西红柿农场。布朗一直是个成绩优秀的学生，在罗格斯大学读书期间，曾获得美国总统颁发的“天才奖”。而在 1955 年获得罗格斯大学的农业科学学士学位后，布朗出人意料地决定到印度农村生活半年，考察不同于西方的农业生产方式及其结构和规划。

时光回溯到 1955 年秋天的印度农村。在一个收获的季节，忙碌的一天即将过去，从农田归来的人们兴奋地谈着今天的收成。在人群中间有个瘦高个子的年轻人，被风吹乱的金色头发让他在黝黑的印度农民们中显得格外出众。他一言不发，认真地倾听着周围人们的谈论，似乎若有所思。这个金发青年正是莱斯特·布朗。他在印度农村待了半年多，详细地考察了这里与西方文明背景完全不同的农业生产方式。这次考察对布朗的一生影响很大，可以说，就是从这个时候起，布朗逐渐开始养成了自己的那种与一般的西方学者有所不同的思想方式和对农业问题的高度关注。

从印度回来后，布朗又进入马里兰大学继续深造，于 1959 年获得马里兰大学农业经济学硕士学位。之后，布朗进入了美国农业部国际农业局，从事世界农业分析工作。在1962年，布朗获得了哈佛大学公共管理硕士学位。1964年，他成为时任美国农业部部长的奥维尔·弗里曼的国际农业政策顾问，出版了《人、土地和粮食》（1963）、《增加世界粮食产量》（1965）等著作。1966年，布朗开始担任国际农业局国际农业发展处主任。

为了能够更加自由地研究农业问题，1969年初，布朗从美国农业部辞职，成为一名自由职业研究人员。1974年，在洛克菲勒基金的资助下，布朗在华盛顿创办了非营利性民间学术研究机构——世界观察研究所，从事农业与全球环境问题的分析。

在世界观察研究所，是布朗研究工作的丰收时期，他陆续出版了一系列关于农业、粮食、土地乃至更大视角的环境保护问题方面的著作，包括《为了人类的利益》（1974）、《仅仅是面包》（与他人合作，1974，获克里斯托弗奖）、《第二十九天》（1978，获 Ecologia Firenze 奖）、《凭空跃进》（与他人合作，1979）、《建设一个持续发展的社会》（1981）、《人满为患》（与他人合作，1994）、《谁能供得起中国所需的粮食》（1995）、《面临全球粮食短缺挑战的艰难抉择》（1996）、《超越马尔萨斯：人口挑战的十九个方面》（与他人合作，1999）等。

世界观察研究所1984年创刊并发行至今的《世界现状》年度报告，则被誉为全球环保运动的“圣经”。1988年布朗又创办了《世界观察》双月刊，发表世界观察研究所的研究文章。

2001年5月，布朗基于更宏大的思考，创办了一个新的非营利性民间学术研究机构：地球政策研究所，并担任所长。在地球政策研究所，布朗的学术研究范围更加扩大，眼光投向整个人类活动对环境的影响问题。在此期间，他出版了《生态经济：有利于地球的经济构想》(2001)、《B 模式：拯救地球　延续文明》(2003)、《地球不堪重负——水位下降、气温上升时代的食物安全挑战》(2005)、《B 模式 2.0：拯救地球　延续文明》(2006)等著作。这些著作都获得了广泛的影响，引起了学术界和社会的重视。

一个进行理性研究的学者，本应摈弃感情因素，坚持客观立场。但很有意思的是，布朗的研究出发点却始终有其感性的一面。这大概是因为他出身于农民，并且一直保持着对农民、农村和农业的深厚感情。直到今天，布朗在谈起自己为什么会多年坚持对农业的研究时，依然会有这样的表述："我是一个农民，我喜欢在农村生活。"但是布朗的"感性"又不同于人文学者的情绪化研究。后者是从感情和个人观点的好恶性出发，少用数据分析和逻辑分析，感性指导整个研究过程的一种研究方式。而布朗的"感情化"研究，则始终坚持理性和客观立场，与纯粹的理性研究仅仅相差在出发点的不同。布朗的研究是一种以对农业、地球和生态的感情关注为基础，以充实着大量理性分析和数据的研究为过程，多以"预言"为结果的研究方式。这也是布朗的"生态经济学"研究不同于传统的市场经济学之处。而布朗的感情也使某些媒体和机构为他戴上了"警世者"的帽子。另外，布朗的研究结果多为"预言"，而且是关系到整个地球生态系统的预言，也使得他引起了广泛的关注与争议。从政府、学者、媒体到普通公众，都不乏广泛讨论布朗和布朗学说的群体。

布朗一生著述颇丰，迄今为止，专著或与他人合著达50本，专论19本，还有大量的研究文章发表，作品被翻译成40多种语言出版。1986年，美国国会图书馆收录布朗的文集时指出他的著作“对全世界关于人口和资源方面的思想做出了有力影响”。由于布朗的独到研究，至本文发表时，他曾获得世界各国的22个荣誉学位，获美国麦克阿瑟天才学术奖、1989年世界自然基金会金奖、1994年日本“蓝色星球”奖、1997年联合国环境奖。马奎斯《名人录》第15版将布朗列为最杰出的50位美国人之一，他亦被《华盛顿邮报》誉为“世界上最有影响的一位思想家”，印度加尔各答《电讯报》称他为“环境运动的宗师”。

布朗对环保问题不仅坐而论道，而且在日常生活上也身体力行。他的著作几乎全用再生纸出版，并在研究所网站上提供电子版阅读，以减少对纸张的使用。他从20世纪70年代以后就不再使用私人汽车，每天步行或骑自行车上下班，也支持研究所的工作人员不开汽车上班。布朗的收入并不少，经常还会获得很多来自社会各界的奖金，但他一直保持着简朴的生活，而把所获得的大量奖金留给了研究所的发展。此外，在西方社会每年隆重地以各种方式庆祝圣诞的时候，布朗都要回到落基山脉的农场，与前妻、女儿和女婿一起，以农庄里最淳朴的方式度过西方人生活中最重要的节日。

二、布朗与“可持续发展”

“可持续发展”的概念，是当今国际社会对于发展问题的一个获得广泛认同的概念，而这个概念就是布朗于1981年出版的《建设一个持续发展的社会》一书中在全世界首次提出的。他在该书中对此概念进行了明确而系统的论述。

这个思想的来源，跟布朗所处的时代背景以及他本人的生活和工作经历有着密切的关系。布朗大学毕业后的时期，正好是战后美国执世界经济发展之牛耳的时期。以美国模式为榜样的工业化浪潮席卷全球，特别是西方各国都在追求经济发展的高速度，以高消费刺激工业增长，以更快的增长推动更大的消费，大家考虑的都是如何增加社会财富的问题，而很少有人考虑地球资源能否支撑这种发展模式的问题。而布朗早年在印度考察的经历给他留下很深的印象，特别是印度农村的那种适度生产，与自然和谐相处的村社生产模式对他的影响很大。后来，在美国农业部的工作经历，又使他有了更多的机会了解美国以外其他国家的农业以及土地资源环境方面的状况。1970 年以后，在西方文化界兴起的所谓后现代主义思潮，其对现代工业社会提出的种种批判和反思，对布朗也有一定的影响。加上他自己的独立思考，使他对风靡全球的工业化方式产生了深深的怀疑。这些都促使布朗更加深入地思考经济增长与资源环境的关系，思考人类社会与自然如何适应问题。思考的结果，就是可持续发展的观念的提出。

布朗所提出的可持续发展观有以下三个特点：其一，强调发展与环境的关系。可持续发展观从环境能力有限性的思想出发，认为经济社会发展只有在不破坏生态环境的条件下才能够长期持续进行。因此，人类社会在发展过程中必须承担起维护生态环境平衡和地球上各类物种繁衍生息的义务，必须改变以环境恶化和生物灭绝为代价的经济发展模式和生活方式。其二，强调当代人发展与后代人发展的关系。可持续发展是能够世世代代持续下去的发展，当代人不应该通过破坏生态环境和对自然资源进行掠夺性开发，从而通过损害子孙后代的发展能力来求得自身发展。可持续发展观既重视当代人的发展，也关心后代人的发展，因而不同于只注重当代社会发展问题的传统发展观。其三，强调贫困、发展与环境的关系，认为发展应当是全面的、综合的和公平的。

1981 年，布朗出版《建设一个持续发展的社会》一书。这本书不但是世界上第一部系统论述"可持续发展"的著作，也标志着布朗可持续发展观思想的成熟，并迅即产生巨大影响。1987 年世界环境与发展委员会在《我们共同的未来》报告中，将"可持续发展"作为一个关键性概念提出来，并对其下了明确定义。1992 年 6 月的世界环境与发展大会通过了以可持续发展为主题的《21 世纪议程》等五个纲领性文件，标志着可持续发展观已得到世界上大多数国家的认可。此后，1994 年 9 月、1995 年 3 月先后在开罗召开的世界人口与发展大会和在哥本哈根召开的世界社会发展首脑会议，又继续对可持续发展问题进行了深入讨论。这些国际会议的召开和国际协议的签署，大大加快了可持续发展观在全世界的传播。

作为科学发展观的一部分，"可持续发展"目前也已成为中国政府的一条基本政策。虽然中国官方文件中并未提及"可持续发展"的首倡者是谁，但是将可持续发展观作为中国的基本国策之一，也在某种程度上表明了中国对布朗学术观点的肯定。

三、一石激起千层浪的“Who will feed China”

虽然布朗的研究方向是农业经济与环境经济，但布朗与中国人的“亲密接触”却是因为1995年出版的*Who will feed China*一书。这本著作使布朗成为全世界尤其是中国关注的焦点，也开始了布朗和中国之间长达10年的在争议中相互认识的过程。

1994年，布朗先是在《世界观察》杂志第9期和第10期上连载了题为“Who will feed China”的文章。1995年2月，布朗应挪威首相之邀在奥斯陆环境部长会议上发表演讲时，再次提出中国的粮食问题，并于同年出版*Who will feed China*一书。在这本著作中，布朗认为，中国的水资源日益短缺，高速的工业化进程侵蚀、破坏了大量农田，而中国人口基数大、增长快，所以中国的粮食需求会急剧增长。在粮食需求增长的同时，中国的粮食生产却不能同步增加。中国粮食主产地集中在沿着东部和南部海岸约占国土面积1/3的河谷地带，这也是人口密集的地区。随着人口和工业经济的同时增长，工厂、住房、道路、公路以及农作物种植都在争夺宝贵的土地资源，结果是当中国最需要扩大农田面积时，农田面积却在缩小。

布朗指出，工业化之前人口已很稠密的日本、韩国和中国台湾，在工业化进程中农田减少、工业化土地增多，粮食需求已主要依靠进口。1993年，日本进口了77%的粮食，韩国进口了64%的粮食，中国台湾进口了67%的粮食。由于类似的原因，中国也发生了相似的变化。中国从农业社会向工业社会转变的过程中，将农村的剩余劳动力转移到工业部门，就要建大量工厂，再加上仓库和道路等一些配套基础设施的建设，中国经济的现代化必将牺牲大量农田。总之，1990 年至 2030 年，一方面是粮食需求增长 85%，另一方面是粮食生产减少 20%，这造成中国巨大的粮食产需缺口（3.66 亿吨），即中国到 2030 年国内粮食生产只能满足需求的 42.5%，其余的 57.5% 要靠进口粮食来满足。

由此，布朗提出两个问题：一是中国将来是否有支付能力大量进口粮食？他的答案是肯定的。二是，若中国大量进口粮食，是否有哪个或哪几个国家能够足额提供？他对这个问题的答案是否定的，即世界上没有国家能够提供如此多的粮食。他认为，中国未来的粮食大量短缺将促使世界粮价大大超过以往的水平，全球各国的粮食安全将得不到保证。

在 *Who will feed China* 一书中，布朗在世界上第一次将中国划为“消费国”，并指出，对今后世界粮食供求影响最大的是中国，中国粮食的不足也就是世界粮食的不足。世界经济的未来已和中国经济的未来紧密联系在一起。中国未来的缺粮将迫使其他国家的政府重新估计这些国家的人口承载能力及其人口和消费政策。

Who will feed China 出版后，立即在世界上引起了巨大的反响，不仅在学界一石激起千层浪，而且布朗本人和他的学说也成为了媒体关注的焦点。包括《华盛顿邮报》、《洛杉矶时报》、英国《卫报》、BBC、日本《朝日新闻》、CNN、美联社、法新社等在内的几乎所有西方重要的国际性报刊和新闻机构，都在显要位置上对布朗和他的学说进行了报道、转载与评论。

四、中国对布朗的认识变化和“布朗现象”

在中国，布朗的 *Who will feed China* 出版后，首先在中国学术界和政府部门中引起强烈反应，由此推动着中国媒体对布朗关于“谁来养活中国”的观点进行了一场批驳性的报道和评论热潮。

中国官方对布朗观点异乎寻常的激烈反应，有着深刻的历史和现实背景。1995 年，当 *Who will feed China* 出版之时，也正是所谓“中国威胁论”在西方甚嚣尘上并对苏联解体后重新构建新的国际秩序产生重大影响的时期。自 20 世纪 90 年代初苏联解体、冷战结束之后，冷战时期所形成的两大阵营对抗的国际关系格局被打破，而中国随着自身经济的迅速发展、国力的不断增强，成为建立国际关系新秩序的重要因素。对中国的崛起，西方国家中有着各种各样的看法，虽然乐观的评价占据主流地位，但也不排除有敌视的观点出现。其中，1992 年罗斯·芒罗所提出的“中国威胁论”概念，就是敌视中国崛起的典型论调。这个论调经过西方一些媒体的炒作和鼓噪，在不到十年的时间里，逐渐成为一些西方国家政府中的一些鹰派官员甚至国家领导人经常使用的语汇。直到进入 21 世纪后，随着恐怖主义势力活动的猖獗，“反恐”成为国际合作的战略重心之一，作为世界大国之一的中国在国际反恐活动中开始扮演了重要的角色，“中国威胁论”的声音才渐渐淡化。

在这个背景下，无怪乎在 *Who will feed China* 出版之际，布朗的观点也被我国官方媒体和部分学界人物看作“中国威胁论”的一个重要组成部分，即“中国粮食威胁论”。因此，针对这个观点进行激烈反驳，首先是中国从国际政治斗争的角度出发所产生的直接而自然的反应。而基于学术层面的客观性探讨，一开始似乎并不在考虑之列。

在布朗的观点发表后，中国很快就有很多相关学者和媒体人士针对他的观点，在学术期刊、专业媒体和大众媒体上撰写和发表了大量的批驳性评述和报道。据不完全统计，从 1995 年到 2000 年，仅在大众媒体上就有 300 余篇各种涉及布朗的报道，这些报道基本上都是把布朗的观点看成负面的。在这些报道和评论中，布朗被定性为“中国威胁论”的鼓噪者和支持者，因而必然招致中国学界和公众媒体的广泛批评。

关于中国学界的反驳意见，据布朗本人回忆，1994 年 9 月，中国学者胡鞍钢在《中国日报》首发文章，将布朗与 50 年代美国的国务卿艾奇逊相提并论。众所周知，艾奇逊曾经预言过，当时新建立的中华人民共和国将无法养活自己的 5 亿人口，但后来的事实证明，这个预言是彻底地破产了。基于此，胡鞍钢认为，布朗的预言也同样会破产，因为中国有巨大的粮食增产潜力，而布朗低估了中国在这方面的潜力。1995 年夏天，布朗受中国国务院发展研究中心的邀请访华，就中国粮食问题和一批中国专家辩论。而《南方周末》1996 年 11 月曾经组织李希光、林毅夫、周光召、盛洪、茅于轼、孙振元、高恒等学者针对布朗的 *Who will feed China* 发表评论，并在 11 月 8 日刊载。上述学者一致认为，布朗的预言严重失实，中国有能力养活自己。

至于一开始中国媒体的态度，虽有李希光、刘志仁等学者也曾在媒体上发表过比较客观的评价文章，但总体而言，报道还是基本呈“一边倒”的状态。很多学者和媒体都将布朗与《文明的冲突与世界秩序的重建》一书的作者塞缪尔·亨廷顿相提并论，并将“中国粮食威胁论”和亨廷顿的“中国文化威胁论”并列为“中国威胁论”的两大主要观点。值得注意的是，亨廷顿虽然主要是在美国的大学中担任教职，似乎是一个自由学者的身份，但他也曾先后在美国政府的许多部门中担任过公职，并长期担任官方背景很强的美国政治学会的会长。因而，国外学界经常并不把亨廷顿视为单纯的学者，而往往将他视为美国官方或半官方观点的学术代理人。与此不同的是，布朗的身份更具有民间自由学者的意味，他自 1974 年前一度在美国农业部任职，之后的几十年中，再也没有担任过任何官方或半官方的职务。因此在国外学界，他的身份被普遍认作是一个纯粹的民间学者和民间研究机构的创办人，并且，《华盛顿邮报》等美国媒体也认为布朗和他的研究所“经常搞一些耸人听闻，甚至偏激的东西”。但中国政府和学界，却在某种程度上，将他的观点与具有官方背景的亨廷顿等量齐观，认为他也是美国官方的代言人之一，进而从这个角度对其进行了反驳。

其中最具代表性的举动，当数 1996 年 10 月由中国国务院新闻办公室发布的《中国的粮食问题》白皮书。在这个代表着官方权威的文件中，中国政府直接出面，以国家行为对民间学者布朗的观点进行了认真的反驳。综观整部白皮书，几乎每个章节都紧紧围绕着“中国人有能力养活自己”这一中心，展开了严密的论述和严肃的批驳。

《中国的粮食问题》白皮书的发布单位是作为政府机构的国务院新闻办公室，从传播学的角度和中国现行媒体管理的体制看，无疑都具有权威的舆论控制和导向作用。这就为中国媒体之后关于粮食问题的报道，以及涉及布朗及其学说的报道，设置了明确的议程。

此外，时任全国政协副主席、国家科委主任的宋健刊载于《中国人口·资源与环境》1997 年第 4 期的《也论“谁来养活中国人”》一文，也是一篇通过大量数据针锋相对地直接反驳布朗的文章。宋健的身份非常特殊，既是学者、院士，又是政府官员，曾担任国家科委主任、全国政协副主席、中国工程院院长等官职。所以，在媒体和公众的眼中，他的言论带有学术性和官方性双重含义，因而具有很高的权威性。这也对媒体的报道产生相当的议程设置和权威控制的作用。

宋健在《也论“谁来养活中国人”》一文的第三段有这样的词句:“所有的政治家和科学家一直在试图更好地理解当前人类所面临的严峻形势及其后果。今天世界上有 8.5 亿人正面临着食物短缺，而同时，农民们每年却要多养活 0.98 亿新增到这个星球上的人口。”将“政治家”放在“科学家”之前，说明当时政治的因素还是高于科学因素。

1996 年 5 月，李希光在《对外宣传参考》上刊载了专访《布朗和他的“醒世新闻”》，这是国内媒体对布朗进行的第一个面对面的访谈。而国务院参事、农业部农村经济研究中心研究员刘志仁认为对待科学家要有科学的态度，布朗虽然不太了解中国的具体情况，预测有缺陷，但他提出的问题足以敲响警钟。刘志仁曾于 1995 年在

《经济日报》头版发表文章阐述了自己上述观点。

由于这场大讨论，布朗被更多中国人所关注。布朗告诉笔者，由于 *Who will feed China* 引起的波动，他的学说得以传播开来。特别是在中国，由于“论战”，更多人开始接触并了解布朗。

1999—2003 年，中国的粮食产量开始下降，粮食产量的不足已经显现出来。从 1998 年到 2003 年的 6 年间，我国粮食播种面积由 17 亿多亩下降到不足 15 亿亩，是新中国成立以来最低水平；粮食总产量从 5123 亿公斤下降到 4307 亿公斤，是 20 世纪 90 年代以来的最低水平；人均粮食占有量从 412 公斤下降到 334.3 公斤，是 22 年来的最低水平。与供给相反的是，粮食需求却呈平稳增长趋势。尤其是 2002 年我国加入 WTO 以后，粮食市场逐渐开放。通过粮食进出口，我国的三大粮食品种小麦、大米和玉米都已实现了与国际市场的互动。世界粮食价格能够充分传递到我国市场，并影响我国的粮食供求关系。大豆原是我国粮食的主要出口品种，但加入 WTO 以来成了净进口品种。小麦和大豆的进口量超过出口量，标志着我国成为粮食进口大国。

虽然我国在成为粮食进口大国的同时依然是出口大国，但这只能证明我国是一个粮食贸易大国。2000 年以后，我国粮食生产量减少、粮食进口量超过出口量，部分证实了布朗关于 2000 年以后中国的粮食产量和贸易量的预言。尽管布朗关于“全世界无法为中国供应足够的粮食”的结论并未在此时实现，但关于粮食进出口的数据使得中国学界和政府重新审视布朗和他的学说。

另外，随着人类社会进入 21 世纪，面对自然灾害、流行疫病、环境污染、温室效应等工业化的消极后果，国际社会必须加强合作来应对这些挑战。人们日益认识到，人类共生共存的地球其实就是一个村庄，所有这些发展变化、威胁和挑战，以及人们新的认识所带来的观念的变化，都将成为21世纪国际秩序演变的重要内容。布朗关于可持续发展、B模式和生态经济的观点在此时由于环境问题的原因又得到了更多的重视，也使中国在处理经济发展时重新考虑环境问题。

布朗在2001年创办地球政策研究所后，其学术观点转向了“生态经济”与“B模式”，这两个观点是“可持续发展”理论的延伸和补充。在这段时间里，随着中国学界和媒体对布朗了解的增加，布朗的新作被陆续介绍到中国，布朗在1990年以后出版的著作全部都有中文译本。随着布朗到访中国次数的增多，更多著作被介绍进中国，中国学界和公众也开始全面地了解布朗，开始了2000—2004年布朗和中国的一段“适应期”。

此时，中国媒体对布朗的报道数量有所下降，但态度开始渐渐有了改变。2000—2004年在我国媒体涉及布朗的报道中，对于*Who will feed China*，大多数媒体将其放在阐述布朗本人背景时作为历史事实陈述，媒体的主观色彩开始淡化，而此时也出现了由职业记者采写的关于布朗的专访和正面报道。有些媒体的报道甚至不再提及*Who will feed China*。在2004年6月14日，中央电视台10频道《读书时间》邀请布朗作为嘉宾谈论他的“B模式”，让布朗走上了中央媒体的电视屏幕。比起文字媒体，电视媒体更注重即时性、互动性，电视节目的二次加工余地比起文字媒体也非常有限，电视节目的制作成本也远远高于文字媒体。所以，在电视访谈节目中邀请布朗，充分证明了此时我国媒体已不认为布朗是个反华分子了。

在中国对布朗的理解过程中，有一个人一直发挥着积极作用：他就是曾任科技日报社社长的林自新先生。林自新先生也是身兼学者和媒体工作者两职，而且与布朗本人从80年代初就成为朋友。林先生曾经翻译了布朗《B模式：拯救地球 延续文明》《生态经济：有利于地球的经济构想》《地球不堪重负——水位下降、气温上升时代的食物安全挑战》《B模式2.0：拯救地球 延续文明》几本著作，并一直致力于使中国媒体和学界全面理解布朗。

2005年3月22日，布朗接过了“中国科学院研究生院名誉教授”的聘书。法新社报道是这样写的：“当年的著作一度使他成为‘头号公敌’……布朗告诉记者：‘我认为，我已经获得平反。’”法新社在这篇报道中，将受聘中科院研究生院名誉教授一事视作中国对布朗的“平反”。而此前，布朗已于2003年受聘为上海大学的名誉教授。而2005年12月22日，国家图书馆首届“文津图书奖”颁奖典礼举行，《B模式：拯救地球 延续文明》名列九部获奖图书名单之中。

布朗在2005年4月接受《国际先驱导报》专访时则表示，“我从没有妖魔化中国”，“我始终本着科学的态度去研究中国，将来也一如既往。一些人认为我以前是攻击中国，但那并不是《谁来养活中国》(*Who will feed China*)的用意……最近10年来，我对中国情况的总体看法没有什么大的变化”。

回头再看“Who will feed China”——“谁来养活中国”。对于“feed”一词的理解，在当时的时代背景下也显得非常微妙。“feed”

一词本是中性词语,“养活”是一个明显口语化的词语。1995年2月，布朗在奥斯陆环境部长会议上演讲，提出中国的粮食安全问题。当时参加会议的中国国家环保局解振华局长立即发表演讲，认为布朗对中国粮食问题的分析是毫无根据的，并且同时在大会上宣布“中国人自己能够养活自己”。非正式文字化的“谁来养活中国”一词，最早就是来源于解振华的演讲。而 *Who will feed China* 一书出版至今，只有一个正式出版的中译本，即陈同斌等翻译、科学技术文献出版社于1998年出版的《谁能供得起中国所需的粮食》。在日常口语中,“养活”这个词有“由富裕、强势的一方为贫穷、弱势的一方提供生存保障”的语感。在当时的语境中，学者和媒体不约而同地选择了“养活”这个词，倾向性是很明显的，即一致认为布朗将中国摆在低于全世界的位置。于是,“谁来养活中国”必然成了批判的焦点。时任科技日报社社长的林自新先生在2002年接受《中国气象报》专访时曾经谈到过这个问题，他认为，*Who will feed China* 应译成《谁将供应中国粮食》比较恰当,“这样也可避免‘养活’一词带来的误解”。

十年来，中国对布朗经历了根本性的理解转变，表征这个转变最明显的就是中国的媒体，中国媒体这种对他学术观点前后的变化也可称为所谓“布朗现象”。“布朗现象”表明，作为公众代言人以及信息发布者与信息受众之间桥梁的媒体，在公众理解科学和科学家的过程中扮演关键角色。由于科学家也有其作为人类的国籍、社会属性甚至政治属性，在我国的公众理解科学过程中，对科学家的理解曾经多少都带有政治色彩和政治语境影响下的非理性理解。而随着近年来国际学术交流的增多和国际关系的变化，中国媒体和公众对来自不同意识形态国家的科学工作者的理解也发生了变化，从敏感且感性的、受政治影响较深的应激性反应，转变为理性地理解其学说后再作出多角度的理性反应。

五、生态经济、“B 模式”与布朗的能源观

在“可持续发展”观点提出并在联合国大会得到确立后，布朗的研究重点由农业经济向环境政策转移，他运用环境可持续发展的理念提出了“生态经济”学说，并在生态经济的基础上架构了理想的社会发展模式，即“B 模式”。

在其《生态经济：有利于地球的经济构想》一书中，布朗定义了一种“遵循生态学规律”的经济。这种“生态经济”把过去分离的生态学和经济学结合起来，提出人类的经济思想必须重新加以确定。人类的经济活动自古是需要由作为环境的生态系统来承载或支撑的，只是由于过去人类社会生产力的发展水平相对较低，离生态系统的承载极限还很远，使这一事实被忽视。而现在传统的经济学的局限性和片面性表现出来，比如迄今的经济理论和经济指标对经济如何破坏和摧毁地球的自然系统不加理会、不作解释等。

布朗认为，传统的经济学观点如同托勒密的地心说，使人对经济活动运行的机制陷入错觉，由此创造了与其所依存的生态系统不相适应的经济。“正如我们承认地球不是太阳系的中心，为天文学、物理学及相关科学的发展廓清了道路，我们承认经济不是我们世界的中心，则为经济的可持续发展和人类状况的改善创造了条

件。”“经济必须归属于生态这个理念，似乎许多人，包括为政治或商业领导人做顾问的经济学家都会感到太激进。但是越来越多的证据显示，这是与实际结合最好的独一无二的认识。”总之，布朗主张要一改过去的经济凌驾于生态之上的思路为生态主导经济的思路。

布朗援引科学哲学家托马斯·库恩提出的“范式转变”理论，指出当前在经济学的领域中人们的世界观也应发生一场根本性的范式转变，就像由地心说转到日心说。在考虑地球和经济的关系中，人们的世界观也要作类似的转变，需要考虑“环境是经济的组成部分，还是经济是环境的组成部分。经济学家把环境看作经济的一个子系统。生态学家则与之相反把经济看作环境的一个子系统”。

所谓生态经济，就是“能够满足我们的需求而又不会危及子孙后代满足其需要”的经济，或者指“造福子孙后代而不是危害子孙后代的经济”。而要实现生态经济，就必须使经济“一定要遵循生态学的基本原理”。布朗强调，我们面临的无比重大的挑战，是“设计一种生态经济，一种尊重生态原理的经济”，即“架构一种与地球保持和谐关系的经济，而不是像现在这种跟地球处于对立状态的经济”。

架构生态经济的工作是非常艰巨而又非常伟大的，需要转变观念，需要以一场能源和材料的革命性变化为前提，也需要“让市场来说明生态学真理”，使价格包括生态成本，使许多环境问题能够借助市场机制得到自行解决。此外，布朗极力强调经济是地球的一个子系统，要为后代子孙保护地球。

布朗认为，当今世界已经造成一种依靠过度消耗自然资源而使产出人为膨胀的泡沫经济。这就是现行的经济模式即“A 模式”。布朗认为，A 模式中以化石燃料为基础，以汽车为中心的用后即弃型经济，A 模式的理论基础是“环境是经济的一部分”，认为自然界取之不尽、用之不竭。由于人类对自然界无限制地索取和掠夺，废弃物日益增多，超出环境承载的阈值，致使自然界无法承担和消化，导致一系列危机不断涌现出来，自然灾害频繁发生，危及地球和人类的生存，A 模式本身也无法继续实行下去，它违反了自然规律，必然遭到自然界严厉的报复。取而代之的是 B 模式——“全球动员起来，稳定人口和气候，使 A 模式存在的问题不至于发展到失控的地步”。

“B 模式”是一种经济发展新模式，主张以人为本、关注环境与生态，并将经济视为生态系统的一部分。与“B 模式”相对应的是“A 模式”，即现代的以破坏环境和牺牲生态为代价，以经济为绝对中心的传统发展模式。布朗特别强调以人为本，把经济真正视为地球生态的子系统，以环境中心论取代经济中心论，以对待战争的方式与速度稳定人口与气候，使现行的经济发展模式不至于陷入万劫不复的境地，在其崩溃之前构建起可持续发展的“生态经济”。

布朗认为，在生态经济模式中，能源基础的转变是根本性的转变。生态经济将不再是以碳系燃料为基础，而是以新能源为基础，即生态经济运作与发展的动力源将不再是化石燃料如石油、煤炭、天然气，而将是来自于太阳的几种能源，如风能、太阳能、氢能、潮汐能，以及来自地球内部的地热能。人们可以或者直接地应用这几种能源，如用于加热或制冷，或者通过把它们生产成电力来间接地加以应用。其中，风电可能是一种成本最低的能源，它可被用来电解水生产氢，而现有的天然气管道和输油管道都可以加以改造用来输送氢气。氢气取代石油成为主导燃料将像在人类历史上石油取代煤、煤取代木柴一样。汽车和住房所用的动力装置将不再是内燃机，而是一种电池发动机，它们由氢作燃料的电化学过程产生电力。这种动力装置既不会产生对气候有破坏作用的二氧化碳，也不会产生危害人体健康的有毒污染物，它们的唯一排出物就是水。

他大力提倡充分利用风能，因为风能价格低廉，分布广泛，无穷无尽，完全清洁，没有其他的能源具备所有这些优点。特别是在欧洲，欧洲的风力发电厂能满足 4000 万欧洲人的生活需求，欧盟风能协会曾在 2003 年 11 月预测 2020 年欧洲风力农场能够满足 1.5 亿人的生活需求，这几乎是欧洲一半的人口量。

2004 年，在中国的“科学发展观世界环境名人报告会”上，布朗指出，风能发展如此快，究其原因，主要是风能资源充足，取之不尽、用之不竭，而且成本低廉。但是，目前人们低估了风能的发展潜力。因为“市场并没有告诉我们生态的真实性”，“如当我们购买一加仑汽油时，我们支付了从地下抽取石油、精炼，然后再运输到加油站的成本，但我们并没有支付由于汽车尾气引起的呼吸道传染病等的成本，同时我们也没有算出开采石油对环境的压力和破坏的成本”。所以，“我们必须要改变我们的模式，从以往的 A 模式转向 B 模式。最重要的一点，就是必须要让市场说话，告诉我们生态的真实性”。

布朗指出，虽然中国是世界上风能最丰富的国家之一，但在开发方面却非常落后。在平原，在西北，在山区，在沿海，中国广泛分布着大量风能，但是中国至今没有认真的开发计划。这源于意识上的落后，因为大多数人以为风能只是一种边缘性资源，分布有限。中国学界和政府目前开始重视风能的开发，也许跟布朗的这个观点不无关系。

六、“我的研究领域是地球”——现在的布朗

布朗对中国的农业、经济、生态和发展等方面进行了近三十年的研究，发表了一系列专著和文章。在 20 世纪 80 年代，布朗第一次到访中国，据他本人回忆，当时的中国学者对他“很友善”，“我们轻松地谈论彼此在研究和在关注的话题”。而在 *Who will feed China* 出版之后，布朗虽然也曾应国务院发展研究中心等单位的邀请来华，但是，每次访问中国时必然要和中国学者展开针锋相对的关于中国粮食问题的辩论。随着中国对生态问题、粮食问题开始广泛关注，布朗的著作被更多地引进中国，布朗访华的次数也逐渐增加，2002 年以后更是每年都要至少来中国一次。这些渐进式的积累使中国学界和公众对布朗的了解更全面，也更充分。2004 年，布朗登上了由中国国家环保总局主办的“科学发展观世界环境名人报告会”的讲坛，并获得文津图书奖。而《B 模式：拯救地球　延续文明》一书于 2005 年也成为中央党校教材。布朗的观点在中国得到的“最高承认”，则是“可持续发展”作为“科学发展观”的一部分，已经成为中国政府的一条基本政策。

对于在中国的经历，布朗本人基本是一种泰然处之的态度，只是在接受中科院研究生院聘书时感到“开始十分惊讶，后来十分荣幸”。布朗多次强调，他始终本着科学的态度去研究中国，将来也一如既往，因为他“从没有妖魔化中国”。

2005 年 5 月 28 日，布朗来华参加《B 模式 2.0：拯救地球　延续文明》中文版的首发式，并在北京大学和国家图书馆发表关于 B 模式的演讲。在他的工作间隙，笔者就“布朗现象”、新作、环境等问题采访了他。布朗表示，应当感谢媒体，因为媒体的报道使得很多科学家关注他本人和他的学术观点，并由此增加了彼此间进行学术交流的机会。因此，布朗也希望媒体能够进一步促进更多科学家之间的交流，同时，将科学家的思想直接传播给公众，让科学家和公众之间也能够实现更直接的思想交流。

对于科学发展观，布朗认为，科学的发展观日益深深植根于人们对环境的关心，特别是在目前全球经济以及整个生态系统越来越恶化时。目前，中国正处在发展的关键时期，因此科学发展观的提出可谓是一场“及时雨”。

今天的布朗依然过着俭朴的日子，依然坚持不开车上班，坚持环保的饮食，坚持运动，坚持回到农村过圣诞节。在中国所经历的从“千夫所指”到获得“平反”，对布朗本人的直接影响并不大，他依然是日程安排繁忙，每年都要到多个国家进行考察、研究和学术活动。布朗有一句口头禅，这句话也是地球政策研究所网站上介绍布朗的中心语——“我的研究领域是地球”。

（作者：张懿璇　王大明）

参考资料

弗朗西斯·高尔顿　博学的绅士

[1] F. Galton. Memories of My Life [M]. London, 1908.

[2] F. Galton. Hereditary Genius [M]. London, 1925.

[3] F. Galton. Topical Laws of Heredity in Man [J]. Pro. Roy. Ins., 1877.

[4] K. Pearson. The Life, Letters and Labours of Francis Galton [M]. London, 1914–1930.

[5] L.M.Terman. The Intelligence Quotient of Francis Galton in Childhood [J]. Am. J. psy.28, 1917.

[6] R. S. Cowan. Francis Galton's Contribution to Cenetics [J]. J. Hist. Bio., 1972.

[7] H. M. Walker. Studies in the History of Statistical Method [M]. Baltimore, 1929.

[8] J. L. Folks. Ideas of Statistics [M]. New York, 1981.

[9] E. G. 波林. 实验心理学史 [M]. 高觉敷，译. 北京：商务印书馆，1981.

[10] 洛伊斯 · N. 玛格纳. 生命科学史 [M]. 李难，崔极谦，王水平，译. 武汉：华中工学院出版社，1985.

约翰·詹姆斯·奥杜邦　博物学家的多重形象

[1] 约翰·詹姆斯·奥杜邦.鸟类圣经 [M]. 西安：陕西师范大学出版社，2011.

[2] 约翰·詹姆斯·奥杜邦.奥杜邦鸟类全鉴 [M]. 北京：机械工业出版社，2014.

[3] 奥杜邦.飞鸟天堂 [M]. 帅凌鹰，译. 北京：北京大学出版社，2011.

[4] J. J. Audubon, R. W. Buchanan. Life and Adventures of Audubon the Naturalist

[M]. London: S. Low, Son, & Marston, 1868.
[5]朱迪丝·马吉.大自然的艺术[M]. 杨文展,译. 北京:中信出版社,2013.
[6] J. J. Audubon. Ornithological Biography [M]. Vol.1. Edinburgh: Adam Black, 1831.
[7] A. Ford. John James Audubon: A Biography [M]. New York: Abbeville Press, 1988.
[8] B. Mearns, R. Mearns. Audubon to Xántus: The Lives of Those Commemorated in North American Bird Names [M]. London: Academic Press, 1992.
[9] W. Stone, J. J. Audubon. A Bibliography and Nomenclator of the Ornithological Works of John James Audubon [J]. The Auk, 1906.
[10] J. J. Audubon. Ornithological Biography [M]. Vol.2. Edinburgh: Adam & Charles Black, 1834.

康拉德·洛伦茨　与鸟兽虫鱼的亲密对话

[1] K.Lorenz. So kam der Mensch auf den Hund [M]. München: Deutscher Taschenbuch Verlag, 1973.
[2]康拉德·洛伦兹. 攻击的秘密[M]. 王守珍,译. 北京:中国和平出版社,2000.
[3]劳伦兹.所罗门王的指环:与鸟兽虫鱼的亲密对话 [M]. 游复熙,等译. 北京:中国和平出版社,1998.

珍·古道尔　野生黑猩猩研究第一人

[1] G. Štrkaj. Jane Goodall: The Woman Who Redefined Man [J]. American Journal of Physical Anthropology, 2008.
[2] S. Dr. Michael. Jane Goodall [J]. Earth Island Journal, 2010.
[3]简·古道尔,菲利普·伯曼.希望的理由:古道尔的精神之旅 [M]. 祁阿红,译.

上海：上海译文出版社，2013.
[4] 珍妮·古多尔.黑猩猩在召唤[M]. 刘后一，张锋，译. 北京：科学出版社，1980.
[5] The Jane Goodall Institute [EB/OL]. http://www.janegoodall.org.2017-08-19.
[6] 珍·古道尔：我仍有改变世界的信念 [EB/OL]. http://www.gongyishibao.com/html/renwuzishu/7338.html.2017-07-08.
[7] 覃觅.珍·古道尔：不同寻常的人生 [J]. 资源与人居环境，2008，(2)：63-66.
[8] 陈怡嘉.跨越物种的对视：珍·古道尔的半个世纪 [J]. 人与自然，2010，(12)：25-26.
[9] Jane Goodall's Roots & Shoots [EB/OL]. http://www.rootsandshoots.org.2017-08-19.
[10] P. Tullis. Jane Goodall is Still Wild at Heart [N]. The New York Times, 2015-03-13.

诺曼·布劳格 绿色革命之父

[1] Dr. Kenneth M. Quinn. Dr. Norman E. Borlaug. 20th Century Lessons for the 21st Century World [EB/OL]. http://www.worldfoodprize.org/borlaug/borlaug-history.htm.
[2] Justin Gillis. Norman Borlaug, Plant Scientist Who Fought Famine, Dies at 95 [EB/OL]. http://www.nytimes.com/2009/09/14/business/energy-environment/14borlaug.html ? pagewanted=all.
[3] Mark Palmer. Norman Borlaug: Nobel Peace Prize-winning Wrestler [J]. Wrestling U. S . A. Magazine. December 15, 2009.
[4] Iowa Rep. Tom Latham Pays Tribute to Dr. Borlaug World Food Prize [EB/

OL]. http://www.worldfoodprize.org/Press-room/2008/march/lathamborlaug.htm.

[5]何珊. 绿色革命之父诺曼·博洛格逝世 曾获诺贝尔和平奖 [OL]. http://news.sciencenet.cn/htmlnews/2009/9/223326.shtm.

[6]Murray H. Milford and E. C. A. Runge. Beachell and Borlaug, Two Giants of the American Society of Agronomy's First Century [J]. Agronomy Journal, 2007.

[7]何中虎,彭居俐. 悼念绿色革命之父布劳格博士 [J]. 麦类作物学报,2009,29(6):1134–1136.

奥尔多·利奥波德　生态整体主义的思想先声

[1] C. Meine. Aldo Leopold: His Life and Work [M]. Madison: Wisconsin Univ. Press, 1988.

[2] R. Headley. Note on Leopold Official [J]. Federal Personnal Record, 1922.

[3] L. Herbert. Stoddard Memoirs of a Naturalist [M]. Norman: Oklahoma Univ. Press, 1969.

[4] M. James, R. B. Glover. Robert Marshall: Portrait of a Liberal Forester [J]. Journal of Forest History, 1886.

[5] J. R. Des Jardins. Environmental Ethics: An Introduction to Environmental Philosophy [M]. California: Wadsworth Group, 2001.

[6] A. Leopold. Some Fundamentals of Conservation in Southwest [J]. Environmental Ethic, 1979.

[7]R. F. 纳什. 大自然的权利:环境伦理学史[M]. 杨通进,译. 青岛:青岛出版社,1999.

[8]唐纳德·沃斯特. 自然的经济体系——生态思想史 [M]. 侯文蕙,译. 北京:商务印书馆,1999.

[9] Ouspensky. Terium Organum[M]. New York:New York State Univ. Press, 1981.

[10]达尔文. 人类的由来[M]. 潘光旦,胡寿文,译. 北京:商务印书馆,1983.

霍尔姆斯·罗尔斯顿　走向荒野的哲学家

[1]霍尔姆斯·罗尔斯顿Ⅲ.哲学走向荒野[M]. 刘耳,叶平,译. 长春:吉林人民出版社,2000.

[2] Holmes Rolston Ⅲ. Philosophy Gone Wild:Essays in Environmental Ethics[M]. N.Y.:Prometheus Books,1986.

[3] J. Baird Collicott. Rolston on Intrinsic Value:A Deconstruction[J]. Environmental Ethics 14,1992.

[4]王惠. 荒野哲学与山水诗——关于西方生态哲学与中国山水诗的跨界研究[D]. 苏州大学, 2008.

[5]王正平. 环境哲学——环境伦理的跨学科研究[M]. 上海:上海人民出版社,2004.

[6]霍尔姆斯·罗尔斯顿. 环境伦理学:大自然的价值以及人对大自然的义务[M]. 杨通进,译. 北京:中国社会科学出版社,2000.

[7]杨通进. 环境伦理:全球话语,中国视野[M]. 重庆:重庆出版社,2007.

[8] Holmes Rolston Ⅲ. Environmental Ethics:Values in and Duties to the Natural[M]. Philadelphia:Temple University Press.1988.

[9]罗尔斯顿. 存在生态伦理学吗[C]//中国社会科学院哲学研究所自然辩证法研究室. 国外自然科学哲学问题. 北京:中国社会科学出版社,1994.

莱斯特·布朗　从抨击中理解，在争议中接受

[1]李希光. 布朗和他的“醒世新闻 ”[J]. 对外宣传参考,1996-05-30.

[2] Lester Brown. Plan B 2.0:Rescuing a Planet Under Stress and a Civilization in

Trouble [J]. Earth Policy Institute, 2006.

[3]宋健. 也论“谁来养活中国人”[J]. 中国人口·资源与环境, 1997, 7 (4).

[4]郑天虹. 专访莱斯特·布朗:我从没有妖魔化中国 [N]. 国际先驱导报, 2005-03-04.

[5]莱斯特·R. 布朗. 生态经济:有利于地球的经济构想[M]. 林自新, 戢守志, 等译. 北京:东方出版社, 2002.

人名对照表

（按外文姓氏的首字母排序）

A

杰·奥杜邦——Jean Audubon

约翰·詹姆斯·奥杜邦

——John James Audubon

B

巴赫曼——John Bachman

露西·贝克威尔——Lucy Bakewell

巴特拉姆——William Bartram

贝特森——W. Bateson

海瑞·比彻尔——Henry Beachell

贝尔——John G. Bell

贝玛德——F. E. Bemard

伯特隆——A. Bertron

伦纳德·比克尔——Lennard Bickel

波拿巴——Charles Lucien Bonaparte

波林——E. G. Boring

诺曼·布劳格——Norman E. Borlaug

布鲁斯特——William Brewster

莱斯特·布朗——Lester R. Brown

卡尔·比勒——Karl Bühler

C

科利考特——J. B. Callicott

卡特斯比——Mark Catesby

卡文迪什——H. Cavendish

罗伯特·钱德——Robert Chandler

克洛——Marie Claude

威廉·科尔韦尔——William Colwell

柯珀——W. Cowper

柯克斯——C. M. Cox

弗雷德里克·居维叶

——Frédéric Cuvier

乔治·居维叶——Georges Cuvier

D

查理·达尔文——Charles Darwin

伊拉斯姆·达尔文——Erasmus Darwin

安妮——Frances Anne Darwin

迪恩——Ruthven Deane

丹尼斯——Nicolas Denys

德·埃斯林亲王——Prince d' Essling

狄克森——H. Dickson

多比内——Charles-Marie D'Orbigny
达彻——William Dutcher

E

埃奇沃思——F. Y. Edgeworth
埃尔顿——Charles Elton

F

福尔斯——H. Faulls
福莱德——Susan Flader
康纳德·弗莱明——D. Fleming
费歇尔——R. A. Fisher
弗尔曼——D. Foreman
卡尔·冯·弗里施——Karl von Frisch
蕾西——Resi Führinger

G

弗朗西斯·高尔顿——Francis Galton
塞缪尔·约翰·高尔顿
——Samuel John Galton
特铁斯——Samuel Tertius Galton
高斯——C. F. Gauss
珍·古道尔——Jane Goodall
万妮——Vanne Goodall
戈赛特——W. S. Gosset
古尔德——John Gould
格林内尔——George Bird Grinnell

H

乔治·哈拉——George Harrar
哈里斯——Edward Harris
奥斯卡·海因洛特——Oskar Heinroth
伯恩哈德·赫耳曼
——Bernhard Hellmann
海明威——Harriet Lawrence Hemenway
亨肖——Henry W. Henshaw
赫歇尔——W. Herschel
费迪南德·霍赫施泰特尔
——Ferdinand Hochstetter
霍尔斯特——Erich von Holst

J

杰克逊——Andrew Jackson
托马斯·杰斐逊——Thomas Jefferson
金克斯——J. Jinks

K

肯尼斯——Kenneth
古德夫·库什——Gurdev Khush
阿瑟·克鲁克伯格——Arthur Krukeberg

L

拉普拉斯——P. S. Laplace

路易斯・利基——Louis Leakey

雷曼——George Lehman

丹尼尔・莱尔曼——D. Lehrman

奥尔多・利奥波德——Aldo Leopold

奥瑟・利奥内斯——Aase Lionaes

康拉德・洛伦茨——Konrad Lorenz

卢卡斯——Frederick A. Lucas

M

麦吉利夫雷——William Macgillivray

梅森——Joseph Robert Mason

马瑟——K. Mather

麦克考尔——W. A. McCall

孟德尔——G. J. Mendel

罗斯・芒罗——Ross H. Munro

N

内尔曼——J. Neyman

约翰・尼德豪泽——John Niederhauser

O

奥德——George Ord

P

伊贡・皮尔逊——E. S. Pearson

皮尔逊——K. Pearson

佩里——Mathew Perry

波尔——E. C. Pole

波普——A. Pope

凡・雷恩西勒・波特——V. R. Potter

普利斯特列——J. Priestley

Q

刻特雷——A. Quetelet

R

珍妮・拉宾——Jeanne Rabin

霍尔姆斯・罗尔斯顿

——Holmes Rolston III

罗齐尔——Ferdinand Rozier

约翰・瑞郎——John Ruan

S

笹川良一——Ryoichi Sasakawa

司各特——W. Scott

皮特・辛格——Peter Singer

卡尔顿・史密斯——Carleton Smith

斯普雷格——Isaac Sprague

斯夸尔斯——Lewis Squires

艾文·斯泰克曼——Elvin Stakman

斯汀——John Steen

斯特格纳——W. Stegner

斯旺米纳森——M. S. Swaminathan

T

特尔曼——L. M. Terman

尼可拉斯·廷伯根

——Nikolaas Tinbergen

索普——W. H. Thorpe

W

沃德——Henry Ward

沃伦——Robert Penn Warren

韦格尔——Herbert Weigel

韦尔登——W. F. R. Weldon

爱德华·威尔浩生——Edward Wellhausen

亚历山大·威尔逊——Alexander Wilson

爱德华·威尔逊——E. O. Wilson

简·威尔逊——Jane Wilson

唐纳德·沃斯特——Donald Worster

威廉·冯特——W. Wundt